PETITES HISTOIRES DE L'HISTOIRE DE FRANCE

Ouvrage dirigé par Franck Spengler

www.hugoetcie.fr

ISBN : 9782755607130
Dépôt légal : mars 2011
Imprimé en France

Jean-Paul Rouland

Petites histoires de l'histoire de France

Préface d'Alain Decaux

Hugo&Cie

Saint Denis décapité par les Jap's ? 15
Le barbier et le pâtissier du diable 19
La vierge et le Tsigane 23
Saint Marine était un moine 25
Suger, un oubli monumental 27
La clé de voûte de Sainte Colombe 31
Le miracle de sainte Patère 35
Un ferronnier qui sent le fagot 37
Le baron rouge et le doigt salvateur 41
La Joconde a rétréci de 14 cm 45
Et si Nostradamus avait vu juste ? 47
Henri IV et le bûcheron 51
Un roitelet précurseur de la SPA 53
Son garde s'éloigne… Henri meurt 57
Un sage ? Un vieux débauché, oui ! 61
La vaisselle en trop pour Louis XIV 63
Camouflet rime avec Champs-Élysées 67
Agitato, fortissimo, lamentabile 71
L'œil au-delà de la tombe 75
L'homme qui toisa Louis le Grand 77
Où le petit Poquelin devient Molière 79
Molière sauvé de la noyade grâce au soleil 83
Boileau et le madrigal du roi 87
Molière et la vertu 89
Le dernier jour de Molière 91
Où Molière devient La Fontaine 93
Cartouche à… tout 97
180 mariages d'un seul coup 101
Voltaire rossé, vexé et rancunier 105
La Concorde place fatale 107
Le gâchis Parmentier 111
Robert Surcouf et les Anglais 113
Un mardi gras… le glas 117

L'Hérédité, c'est quoi ? 121
La Bastille ? Tragique quiproquo 125
La tour Saint-Jacques sauvée par les chasseurs 131
La sainte frustrée de la mère patrie 133
Cette bonne Mademoiselle Savalette 139
Zoé la dernière favorite 143
La côtelette du fils Hugo 147
Georges et son gamin Alfred 151
La plus belle des belles 155
Les pharaons de la Bastille 159
Une belle espionne pour l'Empereur 163
Hugo et la transmission de pensée 167
Un billet simple pour l'Opéra 171
Bonaparte assassin 175
Lacenaire... d'acier 179
Véritable origine de la Tour Eiffel 183
Paternalisme contempteur 187
Le gîte, le couvert et... le reste ! 189
Maurice amoureux de Colette 193
Trompettes... mal embouchées 195
Ciseaux magiques pour un moineau 197
La « petite porte » de Félix le Bel 201
La triste fin de Mata Hari 205
Ce pauvre Monsieur Rouget de l'Isle 209
Un « maboul » à l'Élysée 213
L'huître et la chaise renversée 217
Landru est mort les pieds sales 221
Clemenceau retrouve le soleil 225
Mermoz : athlète de haut vol 229
Les fleurs du tigre 231
L'excès de vitesse du général 235
Où est donc passée l'avenue W. Churchill ? 239

PRÉFACE

Cher Jean-Paul,

Si tu n'existais pas, il faudrait t'inventer !

Alors que tant de nos contemporains s'appliquent à distiller la morosité, tu as choisi – délibérément – de répandre partout cette joie de vivre qui émane de ta personne. Il en était de même il y a plus de quarante ans, quand nous nous sommes connus. Déjà ton patronyme nous apparaissait telle une profession de foi.

À l'exception de ta moustache qui, en devenant blanche, n'en est que plus superbe, rien n'a changé.

Au cours de longues années que tu as données à l'audiovisuel, tu as accompagné l'histoire de très près. Qui s'étonnera que tu en aies choisi et retenu les aspects les plus singuliers et surtout les plus cocasses ? Voici donc que tu en fais profiter aujourd'hui le public. Merci !

Alain Decaux
de l'Académie française

Introduction

À défaut d'être historien, je suis tout simplement un « curieux ». Contrairement à l'aphorisme, ce défaut est l'une des plus belles qualités des hominiens.

Adolescent, cette soif de savoir a été confortée par cet « inoubliable instituteur » dont chacun de nous a conservé le nom et la mémoire.

C'était en 1941-42, j'avais 13 ans, je venais d'obtenir mon certificat d'études et entrais dans la classe « cours complémentaire », dernière étape obligatoire, à l'époque, de l'instruction publique. On y enseignait l'essentiel des connaissances avant de vous lâcher dans la vie.

Évidemment, la géographie, l'histoire ancienne, l'anglais, les arts, l'éducation civique, la géométrie, etc. n'étaient qu'effleurés, mais en sortant de l'école publique, vous saviez que « ÇA EXISTAIT ». Or, si j'ai laissé dormir l'algèbre, la chimie, etc. au tréfonds de mes souvenirs, je garde encore, soixante-dix ans après, un mot que cet instituteur a planté dans ma mémoire comme une graine dans un pot : « BUREAU »... J'entends encore sa voix...

– Vous avez dans Paris, comme dans toutes les grandes villes, des quartiers entiers qui se vident le soir, car ils servent dans la journée de bureaux. Savez-vous que ce mot « bureau » vient d'un petit morceau d'étoffe ? Je vais vous expliquer, on appelle ça l'évolution du langage...

Je revois cet homme savourer la qualité du silence qu'il avait créé sur ce simple point d'interrogation.

– Il y a mille ans de cela, les moines furent les gardiens de la connaissance en conservant la tradition écrite. Dans les monastères, debout devant des pupitres, ils écrivaient avec des plumes d'oie sur des parchemins, comme vous, vous écrivez avec vos porte-plumes sur vos cahiers.

Pour donner un peu de souplesse à leur plume, ils plaçaient entre le parchemin et le bois du pupitre un petit morceau de tissu. Ce tissu leur était fourni par les frocs, ou robes des moines décédés, que l'on enterrait nus dans un linceul. On utilisait surtout le tissu prélevé sur les côtés du froc, moins usé que le devant et le dos. Comme le tissu utilisé pour faire les frocs était appelé « bure », vous imaginez la suite : le pupitre avec son « buro » (petite bure) prit le nom du « bureau », la table sur laquelle on écrit, « bureau », puis la pièce, l'appartement, l'immeuble et le quartier...

Lorsque, treize ans plus tard, le miracle de l'existence me conduisit à « faire des questions » pour des jeux radio en compagnie de Jacques Antoine et Pierre Bellemare, « En savoir plus » me fit consulter, dans un bureau, sur mon bureau, dans nos bureaux du boulevard Haussmann... des archives.

Ces recherches m'ont permis pendant plus de trente ans « d'approcher l'histoire au plus près », autrement dit de recueillir ce qu'elle contient de plus « piquant » : l'anecdote. J'ai une bonne mémoire et si je suis, la plupart du temps, incapable de citer les sources et les références des petites histoires contées ici, je suis sûr qu'elles ont dû faire l'objet de recherches et vérifications de vrais historiens, vêtus ou non d'une robe de bure… dans leur bureau.

Au fait, le nom de cet homme remarquable, dans la bonne et grande tradition de notre République française : Monsieur Dubessey, directeur de l'école communale du Vésinet… Je lui dédie ce livre.

Merci, Monsieur l'Instituteur.

Saint Denis décapité par les Jap's ?

Ce raccourci (!) décapant n'a d'autre intérêt que d'apporter une explication « logique » à la légende, laquelle, comme la plupart des légendes, contient un fond de vérité.

À mes débuts dans le métier, dans les années 50, Jacques Antoine, par la grande voix de Bellemare, racontait des « Histoires vraies » avec une variante : « Le club des Rescapés », sorte d'« Incroyable mais vrai ».

C'était, par exemple, le cas de cet homme, mitrailleur de queue dans un Lancaster de la RAF pendant la guerre, dont l'avion s'enflamma après avoir été touché par la DCA allemande au-dessus de la Forêt-Noire. Ordre est donné d'évacuer l'appareil qui pique en flammes vers le sol. Les issues de secours déverrouillées, tout l'équipage saute... sauf précisément le mitrailleur de queue, lequel ne pouvait accéder à son poste qu'en rampant sans parachute, celui-ci étant à sa disposition derrière lui dans un espace où il pouvait l'endosser. L'homme allongé sur le ventre recule donc mais, comme par la vitesse les flammes refluent vers l'arrière, brûlé aux jambes, il revient à sa place et, mû par un réflexe de survie, il déverouille la trappe prévue pour le ravitaillement des munitions et saute désespérément dans le vide sans parachute.

Or, c'est là que le mot miracle s'impose. Ayant perdu très vite conscience, le désespéré atterrit sur une forêt de jeunes sapins couverts d'une épaisse couche de neige qui amortit sa chute et, quelques instants plus tard, le voilà qui reprend conscience, transi, groggy, mais indemne.

Recueilli par des paysans puis livré aux autorités militaires, ceux-ci, ayant vérifié l'histoire du parachute retrouvé intact dans l'épave du Lancaster, vont tellement être impressionnés par l'exploit de ce « champion du monde de saut en chute libre » qu'ils vont le conduire à la frontière suisse d'où, libéré, il rejoindra sa base en Angleterre – « Coucou les copains, c'est encore moi… »

Comment ne pas croire au miracle de la destinée après ça ? C'est comme cet autre individu qui avait été fusillé… et avait même reçu le coup de grâce dans l'oreille. Il était sourd d'un côté (c'est la moindre des choses), mais aucune des balles qui l'avaient atteint n'avait touché un organe vital. Et celui qui avait été éjecté du train dans un arbre lors d'une catastrophe ferroviaire, etc., etc.

Alors, saint Denis dans tout ça ?

Nous sommes en l'an de guerre 1945. Dans le Pacifique, la lutte contre le Japon fait rage plus que jamais et Denis (appelons-le comme ça), selon un destin des plus funestes, vient d'être fait prisonnier par les Japonais. Le conflit en et arrivé à un tel paroxysme que la consigne est : PAS DE QUARTIER. (Il suffit de voir les « arrosages » au lance-flammes et les « nappages » au napalm sur les différents documents d'époque pour réaliser l'enfer qu'était devenu ce duel au finish, que seules les bombes atomiques sur Hiroshima et Nagasaki parvinrent à faire cesser.)

Donc le GI Denis, capturé avec une cinquantaine de ses compagnons, est contraint sous la menace de creuser une grande tranchée devant laquelle les prisonniers sont agenouillés, mains liées au dos. Résigné devant cette mort inéluctable, Denis sent sur sa nuque le froid de la lame du sabre posé un instant pour « assurer le coup »…

Cela lui permet d'accompagner en quelque sorte le choc lorsque le sabre percute, par chance, une vertèbre cervicale en plein centre.

La violente poussée en avant le précipite dans la fosse où, seconde chance, le corps du supplicié suivant lui tombe dessus. Cela va lui épargner les coups de baïonnette dont d'autres soldats japonais lardent les corps des exécutés, plus ou moins morts. Pour Denis, grâce au Ciel, c'est moins. Cela veut dire que tous les muscles de sa nuque ont été sectionnés, qu'il saigne abondamment, qu'il lui est impossible de bouger la tête, mais qu'il n'a rien perdu de ses autres facultés. Lorsque le silence extérieur lui laisse augurer le départ des bourreaux, il prend contact avec un de ses voisins qui, comme lui, n'a pas été blessé à mort, lequel va réussir à lui desserrer ses liens. La tête pendant sur sa poitrine, mais aiguillonné par la rage de survivre, Denis va parvenir à extraire son compagnon de la fosse et à gagner la jungle toute proche. À peine sont-ils à couvert qu'arrive un bulldozer qui va recouvrir de terre la tranchée, où gisent ses malheureux frères d'arme.

La suite, elle aussi, tient du miracle : recueilli non loin de là par des paysans, soigné avec des herbes, il va pouvoir, contrairement à son compagnon mort peu après de ses blessures, rejoindre un camp américain où il est soigné et opéré.

Seule une grande raideur de la tête et une hideuse cicatrice sur la nuque rappelaient son extraordinaire aventure miraculeuse au sens plein du terme… Alors ?

Pourquoi l'épopée de saint Denis ne serait-elle pas, à l'origine, à peu près semblable ? Il est emmené avec deux de ses compagnons, Eleuthère et Rustique, par une patrouille romaine pour être exécuté au pied du temple de Mercure construit au sommet du mont qui domine Lutèce (Montmartre).

Parti de l'île de la Cité, le petit groupe progresse avec peine le long du sentier qui gravit la butte. C'est l'été, il fait une chaleur torride et, pour épargner ses hommes, le centurion qui dirige l'exécution décide de s'arrêter à mi-hauteur.

– Oh ! les gars, on va pas s'enquiquiner pour cette racaille (dialogue apocryphe garanti). On va les raccourcir ici, Mercure n'en saura rien et César n'en a rien à cirer. Allez, Justus, exécution immédiate !

Justus était sans doute le nom du centurion chargé des exécutions de justice… Bref, on fait halte, on libère de leurs liens les suppliciés (on sait que les chrétiens se laissaient martyriser en priant), on les met à genoux et COUIC…

Les soldats sont à peine partis que les disciples chrétiens s'approchent en psalmodiant. Soudain, Denis le « GI » du Christ, se relève, tenant sa tête ensanglantée entre ses mains

– Miracle ! Miracle !, s'écrient les témoins en tombant à genoux.

Sourd à ces manifestations de grâce devant le miracle, Denis poursuit sa route. Il s'arrête impasse Girardon (qui donne dans l'avenue Junot) pour laver sa plaie et étancher sa soif ardente. (Jusque sous le Premier Empire, date à laquelle elle disparut dans un effondrement de terrain, les Parisiens nouvellement fiancés viendront boire à cette « fontaine du martyr », car un dicton disait : « Fille qui boit l'eau de Saint Denis, reste fidèle à son mari. »)

Poursuivant son chemin vers le Nord, le saint évêque, tel le GI sus-nommé, va parcourir sept kilomètres en soutenant sa tête avant de tomber et mourir au lieu dit Saint-Denis, où il sera enterré.

Évidemment, la légende, comme tout mythe qui se respecte, embellira l'événement jusqu'à faire rouler la tête de saint Denis sur le sol, le contraignant à la nettoyer à la « fontaine du martyr ». S'ajoutera un second miracle qui verra pousser instantanément un champ de blé sur les lieux de sa toute fraîche sépulture. Ce blé masquant la tombe aux soldats romains qui, ayant eu vent du miracle, s'étaient élancés sur les traces du saint évêque, « coupable » de ne pas l'avoir été…

LE BARBIER ET LE PÂTISSIER DU DIABLE

En ces temps bénis où le commun des mortels passait sa vie à préparer sa mort avec force prières, privations, frustrations et autres joyeusetés, dans l'ombre de Notre-Dame, un pâtissier mitonnait et vendait les plus succulents petits pâtés de la cité parisienne. Les chanoines et autres membres de l'évêché voisin n'étaient pas les derniers à venir prendre un avant-goût de paradis dans ces spécialités gourmandes.

Le *maistre-queux* gardait si jalousement le secret de ses préparations carnées qu'un seul compagnon œuvrait à ses côtés, en manipulant uniquement la pâte.

La boutique voisine était occupée par un barbier étuviste qui, lui aussi, avait acquis une solide notoriété par son adresse à « testonner », raser et tailler les chevelures les plus rebelles.

Or, un jour (là, trois versions sont plausibles) :

• un chien se carapatait dans les rues avec un os si long et si fin qu'il ne pouvait s'agir que d'un fémur humain...

• un chien revenait hurler à la mort devant la boutique avec tant d'insistance...

• un chien grattait la terre avec une telle obstination sur la grève de Seine…

… que la maréchaussée, mise en éveil, organisa une planque et mit la main, un dimanche aux aurores, sur le pâtissier venu enfouir en grève les restes d'un cadavre humain soigneusement découpé et décharné.

Passé à la question, le misérable avoua l'horrible vérité. Tous les samedis, avant de fermer boutique, le barbier proposait gratuitement ses services à un étudiant étranger, le saignait comme un porc et, par la cave, livrait son corps au pâtissier… faisant la renommée de ses pâtés « d'autant que la chair humaine est plus délicate à cause de la nourriture » (sic).

Les complices furent condamnés à être pendus et brûlés dans leur office, les maisons démolies, le lieu déclaré « maudit ». À l'emplacement, on éleva une pyramide avec l'effigie du chien sur une de ses faces. Cette stèle fut visible jusque sous Napoléon III, rue Chanoinesse. Aujourd'hui, à l'emplacement se trouvent les bureaux et garages des motos de la police parisienne.

L'affaire fit grand bruit à l'époque (Charles VI pour les uns, Jean le Bon pour les autres). Toujours est-il que les chanoines qui avaient mangé les pâtés étaient, bien malgré eux, passibles d'excommunion, ayant absorbé de la chair humaine.

Réunis en conseil, les autorités épiscopales se refusèrent à prendre la responsabilité d'absoudre un tel péché de cannibalisme. Seul le pape pouvait pardonner. Or, celui-ci étant réfugié en Avignon, c'est la route du Sud que prirent les chanoines. Le petit groupe d'une vingtaine de personnes, pieds nus, cierge en main, cantique en bouche, s'arrêta le premier soir dans une auberge près du Pont aux Tripes qui surplombait la Bièvre (actuellement le carrefour des Gobelins). Le mauvais temps, les pieds meurtris, le bon accueil, peut-être les trois raisons firent que la délégation décida à l'unanimité de se « recueillir » là, avant d'entamer un si long voyage. Ils avaient emporté avec eux « moult subsides » et quelques jours après, ils étaient toujours à l'auberge, la conscience en jachère.

Quelques semaines plus tard, nos pénitents commençant à manquer «*d'espèces sonnantes et trébuchantes*» se virent dans l'obligation de «*mendier instamment prez les voyageurs*». Par commodité, ils se scindèrent en deux bandes, les «Hubains», guéris de la rage par miracle de saint Hubert, et les «Coquillards», retour du Mont Saint-Michel au péril de la mer.

Par une nuit d'automne 1352, Monseigneur Jean de Meulan, évêque de Paris, regagnait sa propriété de la rue du Mont Fêtard (Mouffetard) un peu au-dessus de l'église Saint-Médard, lorsque son escorte fut attaquée par des brigands, postés là en embuscade. L'évêque et son escorte auraient succombé sous le nombre si, mus sans doute par un esprit «confraternel», les «Coquillards» secondés des «Hubains» ne les avaient mis en déroute. Ne sachant comment les remercier de leur bienheureuse intervention, Jean de Meulan accepta de les entendre en confession en l'église Saint-Médard où ils furent absous de leur péché d'anthropophagie. De plus, pour preuve de mansuétude infinie, Jean de Meulan leur accorda le droit de vendre sur ses «*terres et près y attenants*», toutes marchandises et objets dont personne n'aurait droit d'en rechercher l'origine…

Cette pratique a traversé les âges, et les camelots de la Contrescarpe qui étalent chaque semaine leurs fripes et leurs fourbis sur des toiles à même le trottoir, savent que «là» on ne viendra pas leur chercher des «poux dans la tête» (sauf pour les œuvres d'art).

Il est une autre tradition étonnante qui s'appuie sur cette histoire d'anthropophagie; elle m'a été rapportée par Jacques Yonnet, que j'ai eu le plaisir de rencontrer dans les années 50.

Certaines tribus tsiganes, appelées aujourd'hui «gens du voyage», vivent sous l'autorité d'un roi. À sa mort, le roi est incinéré et ses cendres jetées au vent. Mais, avant cette ultime cérémonie, un rite que d'aucuns qualifieront d'horrible veut que les descendants mâles du défunt partagent un repas funèbre au cours duquel sont préparés des mets dans lesquels ont été incorporés tout ou partie du cœur, de la cervelle et des testicules du roi mort… (Bon appétit à tous!)

Par la suite, on reconnaîtra à certains traits de caractère ou physiques celui des enfants nés depuis la cérémonie qui est la réincarnation de « l'ancien », et il sera proclamé roi à son tour…

Mais alors, direz-vous, quel rapport avec Saint-Médard ? Je laisse à Jacques Yonnet le soin de conclure : sitôt la cérémonie funèbre terminée…

« Et de s'empresser, même s'ils se trouvent à l'autre bout de la terre, de gagner Paris et de venir faire pénitence à Saint-Médard… et pas ailleurs, car là seulement, à Saint-Médard, le péché de cannibalisme est absous… »

La vierge et le Tsigane

Dans le vieux Paris de l'île de la Cité, rue des Ursins, à l'angle de la rue de la Colombe, on peut voir encore les vestiges de la chapelle Saint-Aignan. Cette antique chapelle aurait été témoin d'un miracle survenu sur le portrait d'une Vierge peinte par un moine du Cloître Notre-Dame.

Pour modèle, l'artiste avait choisi une adolescente du quartier dont la pureté du visage et la peau nacrée faisaient l'admiration de tous et la fierté des parents.

Un jour que la blonde enfant brodait sur le seuil de sa porte en compagnie de sa grand-mère, un jeune Tsigane, à la peau de bronze, fit son entrée sur la place et, la découvrant, s'arrêta net comme frappé par la foudre. Gênée de cette marque intempestive d'intérêt, la jeune fille allait, sur les conseils de son aïeule, se retirer lorsque le Tsigane, faisant pivoter une sorte de lyre qu'il portait en bandoulière, se mit à jouer un air si doux, si envoûtant, que les témoins en restèrent pétrifiés à leur tour. On vit alors la belle adolescente se retourner, comme attirée par un aimant, et offrir son regard au jeune homme qui la remercia d'un sourire aussi doux qu'un pétale de rose.

L'accord final à peine terminé, le Tsigane, sans même prêter attention aux applaudissements spontanés de l'assistance, s'éclipsa, laissant la jeune fille profondément impressionnée.

Plusieurs jours de suite, le Tsigane revint, car la belle n'était pas insensible à cet hommage sonore, jusqu'au soir où son père, alerté par la rumeur, intervint manu militari pour interdire les lieux au jeune étranger. Avant de quitter la place, celui-ci attaqua un ultime morceau qui donna le frisson à tous ceux qui l'entendirent, et lorsque l'air se termina par une sorte de cri, ce fut comme un poignard qui s'enfonçait dans les chairs.

Le soir même, la jeune fille fut prise d'une fièvre soudaine qui l'obligea de prendre le lit. La fièvre augmentant, elle se mit à délirer.

– C'est lui, c'est le Tsigane, il m'appelle… : « Viens, viens »…

On tenta de la calmer avec des tisanes, en vain.

– Regardez-le, il me fait signe, je dois le rejoindre… Laissez-moi partir.

À force de drogues, elle finit par tomber dans une profonde somnolence ponctuée de gémissements pitoyables. Au troisième jour, malgré le secours de la religion que les chanoines du cloître vinrent lui prodiguer en voisins, la pauvre enfant expira dans un dernier sanglot.

À la chapelle Saint-Aignan, pendant la cérémonie funèbre, on crut remarquer que le portrait de la Vierge, pour laquelle elle avait posé, était plus foncé que d'ordinaire mais ceux qui le constatèrent mirent le fait sur la mauvaise qualité des cierges.

Le lendemain matin, quand le sacristain pénétra dans la chapelle y préparer la messe de six heures, il ressortit aussitôt pour aller tambouriner à la porte du curé :

– Vite, Monsieur le curé, vite ! Venez voir !

Incapable de plus d'explications, le sacristain entraîna le prêtre devant le portrait de la jeune fille dans le chœur.

Levant une bougie pour mieux voir la chose, on ne put que constater le miracle : la Sainte Vierge avait troqué sa peau nacrée pour le teint bronzé des Tsiganes.

Sainte Marine était un moine

En ces temps lointains où l'homme ordinaire survivait dans une piété frileuse avec l'unique espoir d'éviter l'enfer pour gagner le Ciel, un pauvre veuf, inconsolable, entra au couvent en compagnie de son seul fils.

Celui-ci, frêle jouvenceau de quinze ans prénommé Marin contrastait physiquement avec le gabarit des moines, ses frères, qui l'entourèrent d'une touchante sollicitude, en tout bien tout honneur, Dieu en soit loué.

Lorsque quelque temps plus tard le frère-père mourut, le fils-frère persista dans sa vocation, trouvant moult consolations dans la pénitence et la prière.

Tout allait au mieux dans cet univers monacal, lorsqu'un jour une servante buandière, seule femme admise en ces lieux, se retrouva enceinte. Pressée de questions, la coupable femelle finit par avouer l'identité de l'auteur de ces œuvres diaboliques : le frère Marin.

Panique au couvent. Comment ? Marin ? Ce freluquet ? Confronté avec la buandière en larmes, le frère Marin ne put que baisser le front devant l'accablant témoignage. Qui ne dit mot consent.

Relégué au pain sec et à l'eau, le coupable se réfugia dans la repentance et nombre de ses frères ne lui adressèrent même plus un regard.

Confiné dans l'ombre de son ombre, frère Marin se consuma comme une chandelle, jusqu'au jour où, n'ayant pas paru à l'office des matines, on le trouva sur sa couche, yeux fixes, bouche béante, le misérable corrupteur venait de paraître devant le Juge Suprême.

Requiem aeternam dona eis domine.

L'histoire finirait là dans la plus fatale des destinées si, en déshabillant l'infortuné moine pour livrer son corps au linceul, les frères croque-morts n'avaient constaté avec stupeur l'absence de tout attribut masculin.... Las ! Le frère Marin était une fille.

Repanique au couvent. Comment ? Mais alors ? Quel sort injuste ! La chronique d'époque relate la chose dans les termes les plus éloquents !

Les dits moines furent forment ésbahis et avouèrent qu'ils avaient moult peschié contre la chambrière de Dieu et lors, la prièrent sainctement.

Frère Marin, devenu sœur Marine, opéra des miracles, vénérée, béatifiée puis sanctifiée, sainte Marine fut choisie par les bateliers de Paris comme leur sainte patronne.

Une chapelle lui fut dédiée dans l'île de la Cité à l'ombre de Notre-Dame. On y mariait les filles « sans honneur » qui avaient « fauté » hors mariage. Le prêtre leur passait au doigt un anneau de paille tressée, symbole de la futilité des unions charnelles hors de la Sainte Église Catholique et Romaine.

Suger, un oubli monumental

À quoi ça sert la postérité? À quoi ça s'attache une renommée?

Si Léonard de Vinci n'avait pas conservé sa Joconde, si Jeanne d'Arc n'avait pas été brûlée à Rouen, si Gustave Eiffel n'avait pas repris le projet de ses ingénieurs, si Roland Garros s'était vu attribuer le stade Jean-Bouin, leurs noms seraient sans doute restés noyés dans l'océan crapoteux des archives de l'Histoire; comme des millions d'autres, peut-être plus talentueux, plus méritants, mais moins chanceux assurément.

Le génie n'est pas toujours récompensé par la gloire et s'il est un Français totalement oublié dans ce domaine, c'est bien l'homme qui a inventé les cathédrales. Oui, l'inventeur des cathédrales. Avant lui, les églises romanes et même gothiques ne sont que des maisons de Dieu sans attrait particulier où le bon peuple se masse pour prier afin d'éviter, à sa mort, d'aller bouillir éternellement dans les chaudrons du diable.

À l'origine, il n'est qu'un humble fils de paysan d'Argenteuil, mais devant la vivacité de son esprit, à dix ans les moines de Saint-Denis acceptent de le prendre à leur service pour l'éduquer. Ayant gravi tous les échelons de la hiérarchie, devenu gestionnaire puis père abbé de la riche abbaye, il conçoit d'y construire un édifice dépassant tout ce qui a été fait jusque-là, partant du principe que «*rien n'est trop beau pour Dieu et qu'ainsi sa maison se doit d'accueillir une foule immense*». Alors, il laisse déborder sa géniale imagination: une façade remplie de statuettes racontant la vie de Jésus et des saints, une nef encadrée par deux allées passant derrière le chœur permettant, les jours de pèlerinage, de créer un sens giratoire, entrée à droite, sortie à gauche (déambulatoire), intérieur le plus lumineux qui soit, avec des vitraux partout où c'est possible, y compris sur la façade pour laquelle il invente la rosace. Bien sûr, tout cela va coûter cher. Déjà à l'époque, la main-d'œuvre spécialisée est aussi rare qu'onéreuse... Moralité, il va falloir de l'argent, beaucoup d'argent. Là encore, c'est un problème d'imagination. Les fidèles se pressent pour toucher les saintes reliques et déposer leurs offrandes.

L'abbé morcelle les ossements précieux, multiplie les reliquaires et les troncs qu'il envoie aux quatre coins du pays, accompagnés d'escortes quêteuses.

Des spectacles édifiants conçus pour être joués sur les parvis des églises partent en tournée, les prêtres qui les accompagnent vendent leurs services, célèbrent des messes. (Partant de ce principe, certaines cathédrales seront dotées de cette chapelle logée dans le déambulatoire, permettant à sept prêtres visiteurs de dire sept messes en même temps.)

Grâce à ces innovations lucratives, en quelques années, le père abbé quadruple les revenus de la communauté.

Un jour, la première cathédrale se construit à Saint-Denis, lieu de sépulture des rois de France depuis Dagobert, et devient un des centres d'attraction du monde chrétien.

Chaque évêque reçu à Saint-Denis, subjugué par le côté aussi somptueux que pratique de l'édifice, veut sa cathédrale.

L'un des premiers à réagir est Jean de Chelles, évêque de Paris. Sa vieille basilique romane toute en mosaïques, façon Saint-Marc de Venise, sera démolie, et malgré l'opposition farouche de saint Bernard qui voit dans ce gigantisme «une atteinte à l'humilité du Christ», Notre-Dame verra le jour. Dans toute la France, d'immenses chantiers vont s'ériger au cœur des évêchés. Chaque ville veut sa cathédrale plus belle, plus grande, plus haute. Si à Saint-Denis la hauteur de la nef est de 23 mètres, Chartres en fait 37, Amiens 43, pour atteindre 48 à Beauvais.

Partie de Saint-Denis « la fièvre bâtisseuse » va gagner l'Europe entière. Londres, Séville, Prague reprennent les bases de construction de ce petit abbé pour dresser vers le ciel des montagnes de pierre cimentées par la foi. Grâce à ce génie de la création, qui inventa la rosace, le déambulatoire et la façade façon BD, notre vieux continent va, en à peine un siècle, extraire, transporter, sculpter, assembler plus de pierres que l'ancienne Égypte des pharaons ne l'avait fait en trois mille ans.

Tout cela grâce à cet humble fils de paysan d'Argenteuil.

Au fait, j'ai oublié de vous donner son nom : Suger, l'abbé Suger. On ne connaît même pas son prénom. Il n'a pas été le premier à traverser la manche en avion, il n'a pas inventé la machine à coudre ni composé la *Marseillaise*, non, son génie s'est borné à permettre la construction de la première des cathédrales. Les hommes qui « font » l'histoire en l'écrivant ont jugé qu'il n'y avait pas de quoi en faire un « monument ».

La clé de voûte de la sainte Colombe

– Cet anneau de fer va nous apporter la preuve que la fameuse colombe qui apparaissait dans le cœur de la cathédrale, chaque dimanche de Pentecôte, n'était pas d'origine céleste mais cléricale…

Quelque quarante mètres au-dessus du maître-autel, dans les combles, entre toit et voûtes, le petit groupe d'experts penchés sur la clé de voûte, lève avec un ensemble parfait des regards inquisiteurs sur l'éminent professeur.

– Qu'est-ce qu'il va encore nous inventer ?

De fait, si l'autorité du grand spécialiste en art gothique est incontestable sur le plan technique, ses spéculations ont une fâcheuse tendance à démystifier toute interprétation religieuse ou ésotérique rattachée à ces montagnes de pierres édifiées par la foi médiévale.

– Il doit bien se trouver quelque part dans les environs un madrier ou un basting, susceptible de s'introduire dans l'anneau pour faire levier…

Joignant l'œil à la parole, le professeur projette son regard acéré autour du petit groupe en pleine expectative.

– Là-bas, cette grande perche n'a-t-elle pas tout l'air d'être conçue pour ça ?

ELLE L'ÉTAIT…

Et tandis que, poussé sans effort dans le sens contraire des aiguilles d'une montre, le levier faisait monter, comme une vis, la partie centrale de la clé de voûte, sorte de carotte, celle-ci, ôtée, révélait un trou vertigineux communiquant avec le cœur de l'édifice.

Le miracle de « la sainte Colombe » devenait un simple tour de passe-passe sorti tout droit de l'imagination d'un Robert-Houdin du Moyen Âge.

Si, de mémoire d'homme, la sainte apparition ne se manifestait plus, les anciens l'évoquaient encore avec des trémolos dans la voix :

– Dame oui, mon grand-père me racontait que son grand-père l'avait vue, la sainte Colombe, oui Monsieur, et c'était pas un homme à raconter des bobards, vous pouvez me croire. Le dimanche de la Pentecôte, jour anniversaire où le Saint-Esprit est descendu sur les apôtres, dans la cathédrale noire de monde, au moment de l'élévation, alors que tout le monde, à genoux, baissait la tête par respect et crainte de Dieu, dans le silence recueilli des lieux, on entendait tout à coup un battement d'ailes… Alors, en relevant malgré lui ses yeux vers le ciel, il l'avait vu, tout là-haut dans le cœur, voleter au-dessus de l'autel, la sainte Colombe.

Et tout le monde la voyait aussi, et tout le monde se signait pour remercier le Ciel de les faire assister au miracle. Miracle qui se renouvelait tous les ans à la Pentecôte, date à laquelle, de toute la France, on venait voir le Saint-Esprit… et repartir avec l'assurance de monter tout droit au paradis à l'heure de sa mort, dame, oui !

Je ne sais plus dans quel livre, dans quelle revue ni sur quel document j'ai lu l'histoire de cette scène que seule ma mémoire m'a permis de reconstituer. Je n'ai pas retenu non plus avec certitude le nom de la ville où ce cœur de clé de voûte amovible attirait les pèlerins, j'oserais dire les chalands, de façon pérenne.

Mais, quand on connaît la liste des « Saintes Reliques » que la crédulité d'alors permettait d'exposer sans aucun scrupule : le saint prépuce de Jésus, la sainte goutte de lait de la Vierge Marie, le pouce de saint Jacques, etc., on n'a aucune vergogne à imaginer de tels pieux stratagèmes qui ne survécurent pas à la Révolution de 1789.

Ce que j'ai vu, par contre, à Rouen, c'est la bulle signée d'un pape, autorisant l'évêque local à vendre des indulgences à ses fidèles, leur permettant, en échange de leurs dons, de consommer du beurre et de la crème pendant la période de jeûne, du Carême, qui dure quarante jours avant Pâques…

Cet argent servit à terminer la tour Sud de la cathédrale de Rouen qui, de ce fait, prit le surnom de «Tour de beurre», qualificatif encore utilisé de nos jours… « Et ça, la bulle papale, je l'ai vu moi, Dame oui ! »

Le miracle de la sainte Patère

À cette époque, la Bièvre, lasse de ses musardises banlieusardes, faisait son entrée au plein sud de Paris, porte de Gentilly, à la vue de tous. Déviant à chaque éminence, elle serpentait alors vers la Seine et se scindait en deux, juste après la Glacière, pour se rejoindre plus loin, formant «l'île aux Singes», à l'emplacement aujourd'hui du square Le-Gall.

À la belle saison, les Parisiens venaient le dimanche y pique-niquer sur l'herbe et, en semaine, «l'île aux Singes» recevait les amoureux en mal de solitude ou quelques ascètes en quête de méditation bucolique.

C'est ainsi qu'un prêtre séculier, dont l'histoire n'a pas retenu le nom, s'était installé là depuis quelques jours dans une cabane de branchages. Profitant des ardeurs du soleil pascal, il « s'ablutionnait » dans un des trous d'eau laissés çà et là par les crues hivernales. Les oiseaux chantaient l'hymne à l'amour et, fredonnant un psaume à la gloire du Très Haut, notre ermite s'ébrouait dans la fraîcheur de l'onde. Constatant le trouble de l'eau, il éprouva la nécessité de changer de baignoire. Des taillis touffus garantissant toute vision impure, notre abbé, nu comme un «p'tit saint Jean» ayant conservé seulement son chapeau sur la tête, s'élança à grandes enjambées vers le trou d'eau voisin lorsqu'il s'arrêta net… pétrifié.

Deux splendides naïades blondes s'ébattaient dans l'autre mare, sublimes dans leur nudité juvénile.

Les voies du Seigneur sont impénétrables : n'était-ce pas plutôt là une des tentations subliminales que sait tendre le Malin ? Loin de s'affoler, les deux jouvencelles éclatèrent d'ailleurs d'un rire diabolique.

Frappé de stupeur, l'abbé restait là, interdit, puis réagissant enfin, il ôta son chapeau qu'il plaça devant sa nudité impudique et, pressé d'implorer le Seigneur d'éloigner de lui toute idée impure, il joignit ses deux mains au-dessus de sa tête dans la plus implorante des prières :

– *Pater noster...*

Et, ô miracle, le chapeau resta à sa place.

On raconte qu'à la suite de cette incontestable intervention du Très Haut devant une situation aussi scabreuses, l'abbé bâtit lui-même de ses mains une chapelle à l'emplacement du miracle. L'édifice fut consacré à « sainte Patère ».

Ce serait même de là que viendrait le nom de patère, donné aux champignons fixés au mur et auxquels les hommes accrochaient naguère leurs chapeaux.

Les dictionnaires donnent une tout autre version, mais avouez que celle-ci, à défaut d'être crédible, est... plus excitante, vous ne trouvez pas ?

UN FERRONNIER QUI SENT LE FAGOT…

– La vérité est là, évidente, patente, cependant…
– Cependant ?
– Pour demeurer humain, n'est-ce pas trop beau ?
– Que voulez-vous dire ?
– Oh ! rien qui ne soit tangible… Au contraire.
– Mais encore ? Vous m'interpellez.
– C'est son nom qui m'a éveillé le soupçon.
– Biscornet ?
– Oui, son nom n'évoque-t-il pas deux cornes ? Et ne sommes-nous pas là en présence d'une réalisation extraordinaire au sens littéral du mot…
– Vous voulez dire… que le diable ?

À l'époque où ce dialogue pouvait avoir lieu, au pied de la cathédrale Notre-Dame de Paris, en prononçant le nom du Malin, les deux interlocuteurs se signèrent plusieurs fois.

Mais le mal était fait. Biscornet venait de passer du paradis à l'enfer. Et pourtant, jusque-là, que de louanges, que de compliments, que de félicitations, que de fleurs n'avait-il reçus pour son travail, ce modeste artisan serrurier. Tout ça à propos de simples tringles de fer, plus communément appelées « pentures », indispensables à toute porte digne de ce nom.

En effet, pas de « pentures », pas de porte, puisque leur rôle consiste à faire pivoter ladite porte sur ses gonds. C'est en général une tige de fer triangulaire toute bête, vissée sur le battant en haut et en bas. Proportionnées à la grandeur des portes, les pentures deviennent énormes sur les portes cochères et gigantesques sur les portes des édifices publics, conçues pour en imposer au « bon peuple ».

Lors de son édification, la cathédrale de Paris n'échappa pas à la règle, et pour que le résultat soit à la hauteur de l'entreprise, les pentures furent commandées à l'un des plus habiles ferronniers-serruriers de la capitale, le fameux Biscornet. Conçues dans la plus grande discrétion, le jour de l'inauguration, lorsqu'on enleva les palissades, le clergé parisien et les notables restèrent bouche bée d'admiration.

– Ce n'est plus de la ferronnerie, c'est de la dentelle !

De fait (et l'on peut encore aujourd'hui en admirer la splendeur), Biscornet et ses aides s'étaient surpassés dans l'art de marteler, découper, bigorner, estamper, cingler le fer pour le transformer en volutes et arabesques du plus bel effet.

Des tiges de fer d'un demi-pouce d'épaisseur sur quatre pieds de long avaient été transformées en fleurs, feuilles, oiseaux formant un feuillage comme on ne doit en voir qu'au paradis.

Du jour au lendemain, Messire Biscornet devint célèbre et célébré dans toute la capitale. Il était de toutes les fêtes et l'on s'honorait de l'avoir reçu à sa table. C'est alors que quelques confrères, jaloux, se mirent à émettre quelques doutes.

– Les volutes du portail central auraient été, selon lui, martelées, mais à y bien regarder…

– De fait, et sur le portail Nord, la soi-disant volute des lys martelée sans raccord… quelques ébarbures ne prouveraient-elles pas, au contraire…

La réticence naturelle de Biscornet à parler de son travail, et surtout à en commenter les méthodes, devint très vite suspecte jusqu'au jour où la présence du diable fut évoquée ouvertement pour la première fois.

En ces temps d'obscurantisme absolu, on brûlait les hérétiques et les sorcières sur simple dénonciation après les avoir passés à la question. (Comment ne voulez-vous pas avouer n'importe quoi quand on vous broie progressivement les jambes entre deux planches appelées « brodequins » ?)

Les propos sulfureux « enflammant » plus sûrement que « feux grégeois », par prudence, on ignora Biscornet, puis on l'évita, puis on se signa à sa vue d'une petite croix sur le cœur, enfin on fit demi-tour pour éviter de se souiller sur son passage.

Si l'expression « sentir le fagot » avait un sens condamnable à l'époque, elle s'adressait à ce pauvre Biscornet qui n'avait que sa bonne foi pour toute défense.

Un jour, alors qu'assemblée en commission spéciale la confrérie des chanoines de Notre-Dame s'était réunie sous l'autorité de l'évêque de Paris :

– Finalement, dit celui-ci au cœur du conseil, que reproche-t-on à ce malheureux serrurier ?

– Mais d'avoir travaillé le fer avec la même aisance que s'il s'agissait du bois ! Et seul le diable a pu lui procurer cette faculté extraordinaire.

– Sûrement, Monseigneur, surenchérit un autre chanoine, et des témoins dignes de foi ont perçu des lueurs vertes et rouges sortant de sa cheminée.

– Des flammes dans une forge, c'est assez courant.

– Vertes, Monseigneur, vertes, la couleur du Malin...

– Vous savez, bleu, vert, la nuit...

La discussion aurait continué sur le même ton perfide si depuis quelques instants un jeune moine moins... enfin, plus ouvert que les accusateurs de ce pauvre Biscornet, ne s'était tenu debout, mains levée sollicitant la parole :

– Oui, frère Bernard ?

– D'après ce que l'on dit, le sieur serrurier aurait reçu une aide, disons, extraterrestre pour ciseler le fer comme un simple ouvrier menuise le bois.

– C'est cela même…

– Alors, pourquoi ne pas imaginer, plus simplement, l'aide extraterrestre d'un véritable menuisier… saint Joseph par exemple ?

L'évidence sauva Biscornet des flammes du bûcher. Las, le pauvre homme mourut peu après, rongé par le chagrin car, que ce fût saint Joseph ou le diable, on avait mis en doute ses talents d'artisan ferronnier.

Nous sommes sûr, nous, que saint Pierre a dû lui ouvrir les portes du paradis en grand, portes si « biscornues », dit-on en enfer, qu'elles n'ont pas de pentures.

LE BARON ROUGE ET LE DOIGT SALVATEUR

– Qu'on nous mène céans le capitaine prisonnier…

D'un puissant revers de bras, le baron des Adrets balaye la table encombrée des reliefs de la beuverie qui s'achève.

– Il est temps qu'on rigole un tantinet !

Et tandis que la soldatesque qui l'entoure s'empresse d'obéir, celui que l'on surnomme le « Baron rouge » savoure par avance son diabolique projet.

« Diabolique » est bien le mot qui définit au mieux ce François de Beaumont, baron des Adrets, qui en ce 16 juillet 1562 vient de prendre et occuper le château de Montbrison à l'issue d'une lutte féroce.

Nous sommes alors en France en pleine guerre de religion, et Catherine de Médicis « régente » vigoureusement le pays au nom des catholiques, sous l'influence des Guises. C'est précisément par haine de ceux-ci que le baron des Adrets s'est improvisé protestant et, à ce titre, ravage le centre du royaume resté fidèle aux « cathos », à la tête d'une bande de soudards aguerris.

Ce jour-là, le Baron rouge s'est montré particulièrement sanguinaire en contraignant, à la pointe de l'épée, les survivants vaincus à se jeter du haut du donjon sur des piques que ses mercenaires tenaient en bas, pointes vers le haut… une véritable bluette.

Le capitaine ennemi qui s'est battu comme un lion a été tenu à l'écart et fait son entrée dans la grande salle sous l'œil quelque peu éméché des convives.

– Or ça, messire capitaine, interpelle celui que Coligny avait surnommé « la bête furieuse », tu t'es montré si habile au combat que, passant sur les dommages infligés à mon camp, je vais te laisser la vie sauve !

Rumeurs dans la horde peu habituée à de telles mansuétudes.

– Je te laisse la vie… à… une condition…

Soulagement dans les rangs.

– Assieds-toi à table, mon compère, et si ta faim est à hauteur de ta vaillance…

Alors piquant de sa fourchette à deux doigts un des poulets rôtis intacts rescapés de la beuverie, il le dépose devant lui

– Mange-moi ce poulet… Mais attention, tout ce que tu lui feras, je te le ferai… Tu lui arraches une aile, je t'arrache un bras, tu lui coupes une cuisse, je te coupe la même cuisse…

Un énorme rire gras ponctue ses paroles. Le regard du malheureux capitaine traduit toute l'horreur de la situation. Une hilarité de mauvais aloi a gagné l'ensemble de l'assistance qui guette l'infortuné prisonnier tournant et retournant, machinalement, le poulet devant lui… « tout ce que tu lui feras, je te le ferai… »

Riant toujours de sa trouvaille diabolique, le Baron rouge s'est levé, il tend la main vers son écuyer tranchant, chargé de la découpe des viandes.

– Veux-tu de l'aide, ami ?

L'interpellé lève son regard vers le tyran.

– Merci, non.

Un silence de mort est tombé soudain sur la salle. À l'étincelle qui brille dans ses yeux, tout le monde a compris que le prisonnier va tenter quelque chose. La preuve, le voilà qui se lève à son tour, face à face avec son bourreau :

– Tu m'as bien dit : Tout ce que je lui ferai, tu me le feras ?

– Je te l'ai dit et je n'ai qu'une parole, foi de baron.

Avec des gestes mesurés, le capitaine vaincu saisit alors le poulet de la main gauche et le plaque contre lui, croupion vers le plafond. Un temps, il lance à son vis-à-vis un regard arrogant qui surprend tout le monde, à commencer par le baron qui croit prudent d'empoigner le couteau tendu par l'écuyer.

Alors, le capitaine vaincu introduit lentement l'index de sa main droite dans le croupion du poulet, le tourne à l'intérieur dans tous les sens puis, ressortant son doigt tout englué des sucs de la cuisson, il se met à le pourlécher goulument.

– Hum…

Et pour être bien sur d'être compris, il recommence. Au silence général, un rire larvé puis énorme lui succède.

– Tout ce que tu lui feras, je te le ferai…

Le dernier à rire fut le baron des Adrets qui, pour une fois beau joueur, fit grâce et libéra l'astucieux capitaine.

L'histoire n'a pas, à ma connaissance, conservé le nom de l'homme responsable de ce coup de génie qui lui sauva la vie.

Par contre, le baron des Adrets, assassin et bourreau de centaines de victimes, prit une retraite tranquille dans son château où il mourut, de sa belle mort, à l'âge exceptionnel pour l'époque de 74 ans.

Le courageux capitaine racontait-il l'anecdote ? Sans doute pas, car est-il besoin de le préciser, ce jour de juillet 1562 à Montbrison le Baron rouge manqua à sa parole, on se demande bien pourquoi.

La Joconde a rétréci de 14 centimètres

C'est vrai, la Joconde que vous pouvez admirer au Louvre aujourd'hui n'est pas conforme à celle que Léonard peignit en Italie voici cinq siècles.

Deux copies originales de l'époque, conservées aux musées d'Oslo et de Vernon aux USA nous en apportent la preuve. Cette différence est l'œuvre de son auteur, puisqu'il emporta l'original avec lui lors de sa venue en France avec « armes et bagages ».

Cette toile, ou plus exactement ce tableau peint sur bois, représente, tout le monde le sait, Mona Lisa, contraction de « Madonna Lisa », troisième épouse de Francesco Del Giocondo, un riche Florentin. Pourquoi ce portrait était-il resté en possession de Léonard alors que, dans la logique des choses, il aurait dû devenir la propriété de la famille de la dame ? Nul ne le sait. Refus du commanditaire suite à une brouille avec le peintre ? Mort du modèle ? Caprice de Léonard ? Toutes les hypothèses sont valables, la plus vraisemblable étant le départ de Léonard de Florence avec « sa Joconde » inachevée qu'il ne terminera que des années plus tard... entre mille autres tâches.

Car, ce « fruit ancillaire » qu'il était – père notaire, mère servante – manifesta très tôt des dons de touche-à-tout exceptionnels. Gaucher puis ambidextre, il était doué d'une force peu commune, tordant un fer à cheval « comme s'il fût en plomb ». Il jouait de la lyre et chantait divinement bien. Amoureux de la nature, il achetait le contenu de la cage des oiseleurs pour en ouvrir aussitôt la porte, rendant ainsi la liberté aux oiseaux.

Doté d'une imagination exceptionnelle, il étonne, aujourd'hui encore, avec ses inventions pratiques et praticables : l'hélicoptère, l'hélice, la chaîne de vélo, le char d'assaut, l'engrenage, le parachute. Ses études anatomiques les plus poussées sont d'une précision incroyable.

Léonard « tintait » la soixantaine lorsqu'un jour le roi François 1er l'invita à venir le rejoindre à Amboise. Le vieil homme fut enchanté, il voulait « changer d'air » pour moult raisons. Prenant « ses cliques et ses claques » (ses jambes et ses bagages), il s'apprêtait à prendre la route de France lorsqu'il scia les deux côtés de son tableau. Eh oui, à l'origine (les deux copies dont on parle plus avant le prouvent), La Joconde mesurait 7 cm de plus de chaque côté, faisant apparaître deux colonnettes qui encadrent le sujet et qui ont disparu lorsque le tableau (sur bois) fut scié.

Pourquoi ce rétrécissement ? Pour entrer plus facilement dans une malle ? Pour mieux concentrer le sujet ? Que sont devenues ces deux colonnettes de 7 cm de large sur 76 cm de hauteur ? Au prix du cm^2, celui qui les retrouverait aujourd'hui possèderait une belle somme… de curiosité.

En conclusion, la disparition de ces deux colonnettes constitue un mystère de plus accroché au sourire de la femme la plus célèbre au monde, le jour où Léonard… devint scie !

ET SI NOSTRADAMUS AVAIT VU JUSTE ?

« J'avais lors onze ans, la cour séjournait au château d'Empéri de Salon-de-Provence où la régente Catherine venait consulter Nostradamus. Ce jour-là, ayant commis quelques bêtises dues à cet âge ingrat, mon précepteur me fesse d'importance, cul nu, je lui échappe en pleurs pour me planter droit devant un gaillard tout en barbe qui s'enquiert de mes larmes, puis se tournant vers la reine à ses côtés, il dit : "L'héritage c'est lui qui l'aura et non vos fils" et à mon maître qui nous avait rejoints : "Vous pourrez vous vanter d'avoir enseigné un roi de France !" Goule de Catherine ! »

Devenu roi, Henri IV aimait raconter cette anecdote survenue cinq ans après la mort, en tournoi, d'Henri II. Sa veuve Catherine de Médicis, alors régente, tenait en haut intérêt les augures, et l'oracle de Salon n'avait-il pas prédit, de façon précise, la mort du roi en duel quelques années avant l'accident fatal ?

Première strophe du quatrain :
Le lion jeune, le vieux surmontera
(Montgomery avait 29 ans, Henri II, 40.)
En champ bellique par singulier duelle
(Champ bellique, espace limité pour le duel.)
Dans cage d'or les yeux lui crèveront

(Le heaume du roi était cuivré, et la lance de Montgomery entra dans l'œil droit pour ressortir par l'oreille.)

Deux classes une, puis mourir mort cruelle

(Pas de doute pour la mort cruelle, mais que veulent dire les deux classes ?)

Évidemment, lorsque Nostradamus publia ces prédictions un an avant le drame, tout le monde connaissait la passion du roi pour les joutes et le danger que représentait ce jeu imbécile. Alors, la question rituelle se pose : Mage ou mystificateur ? Visionnaire ou fumiste ?

Une seule certitude : Nostradamus était d'une intelligence supérieure, elle lui permit de vivre en une époque où pour un oui ou un « nom » de travers, vous vous retrouviez sur le bûcher.

Juif converti, initié à l'astrologie par son grand-père, après des études de médecine à Montpellier avec un certain Rabelais, sa curiosité lui fait apprendre les pratiques et les traditions juives, gitanes et même pharaoniques. En médecin avisé pour l'époque, il prône l'asepsie comme principale prévention contre les épidémies, isole les malades et se dévoue sans compter. Il invente des pommades, publie un almanach de recettes de confitures, préconise l'irrigation de la Crau, participe à la création du canal de Craponne. Bref, il bénéficie d'une belle et bonne réputation à Salon-de-Provence où il vit heureux avec ses six enfants. C'est alors qu'il édite à Lyon *Les vraies prophéties de Nostradamus.* Ses textes sont présentés sous forme de quatrains rimés, sans aucun ordre chronologique (première astuce), certains sont codés (deuxième astuce qui fait que NOIR, par exemple, peut être l'anagramme de ROI en tolérant une lettre supplémentaire). Enfin, astuce suprême, Dieu est très souvent mêlé à ces prophéties avec cette devise : *Soli deo*, un seul Dieu (Oui, mais lequel ?) Évidemment, l'homme qui a de toujours éprouvé le doute, a trouvé, trouve et trouvera dans ce charabias des explications, voire des adaptations, aux événements de l'époque. Car en annonçant… des guerres, des révolutions, des épidémies, des sécheresses, des inondations, du feu, du sang… occasionnés par… des traîtres, des despotes, des conquérants, des terroristes… et que ces calamités aient pour cadre… la France, l'Italie, l'Angleterre… ou, plus précisément… Londres, Madrid, Lyon, Francfort… cela est censé, raisonnable, envisageable. Évidemment, disant cela, je me range dans le camp des nihilistes, des incrédules, des sceptiques, de ceux qui ne croient en rien… SAUF !

Une seule chose m'interpelle dans ce fatras délirant que l'on peut taxer « d'omnibus » (pour tous), c'est le vingtième quatrain de la neuvième centurie que voici :

De nuiet viendra par la forest de Reines
Deux pars vaultore Herne la pierre blanche
Le moine noir en gris DEDANS VARENNES
ESLEU CAP, cause tempèste, feu sang tranché

Je veux bien admettre (les exégètes le disent) : *Reines* = Reins. *Voltore* = chemin détourné. *Herne* = ernute, secte chrétienne. *Pierre blanche* = saint Pierre, l'Église, la royauté. *Moine noir* = le roi Louis XVI était pieux comme un moine. *En gris* = Louis XVI était travesti en habit gris, redingote verte. *Esleu cap* = « Capet » l'élu de Dieu. Le reste est explicite. Sûrement ! Mais VARENNE ! Ce « bled » perdu où la royauté va perdre définitivement la face et la couronne des rois de France… Pourquoi pas Rocquencourt, Selsouaf, ou la Haye Pesnel ? VARENNE ? Existerait-il un grand livre que seuls quelques initiés pourraient lire ? Quant le téléphone sonne et que vous dites : « Tiens, on parlait de toi ! », n'êtes-vous pas un p'tit Nostradamus ? Sans prétendre l'égaler, « ma centurie » se résume à une seule strophe – un jour tout le monde sait que vous êtes mort… sauf vous ! À MOINS QUE ?

HENRI IV ET LE BÛCHERON

Un jour, le roi Henri IV, grand amateur de chasse, se retrouve isolé et perdu au milieu de la forêt. Avisant un paysan qui ramasse du bois, il s'adresse à lui.

– Dis-moi, l'ami !

Impressionné, l'homme retire son chapeau.

– Ne prends pas froid, bonhomme, remets ton chapeau et indique-moi par où je puis retrouver la chasse royale, je me suis égaré.

– Je veux bien vous montrer le chemin, répond le paysan. À une condition.

– Laquelle ?

– Quand vous aurez r'joint la chasse, vous m'montrerez lequel qu'est le roi.

– Je te le promets. Allez, monte en croupe.

Quelques instants plus tard, guidé par l'homme qui connaît bien les passes de la forêt, Henri IV rejoint la chasse qui l'attend dans une clairière.

– Comment que j'vais savoir lequel qu'est le roi ?, s'inquiète le paysan qui descend de cheval.

– C'est tout simple, l'ami, quand tout le monde sera découvert, le seul qui gardera son chapeau sur la tête, ce sera lui le roi.

Le paysan fait du regard le tour de l'assistance et dit :

– Dites-moi, Monsieur… le roi, faut qu'ça soye vous ou qu'ça soye moué… y'a qu'nous deux qu'avons cor' not' chapiau sur la tête !

UN ROITELET PRÉCURSEUR DE LA S.P.A.

– Tout a-t-il bien été conçu pour un bel et grand bûcher ?

– Oui Sire, autour d'un sapin de 10 toises, 10 charretées de bûches, 200 fagots, 300 bourrées et 25 bottes de bonne paille en provenance directe de la Beauce.

En ce matin du 22 juin 1605, le bon roi Henri, quatrième du nom, est content. Depuis 11 ans qu'il a pris en main les destinées du royaume, tout irait plutôt bien. Sa popularité est au beau fixe. Bien sur, quelques intégristes cathos ou protestants le vouent aux gémonies et l'espèrent *ad patres* mais à part ces fâcheux, les « sondages » sont plutôt favorables.

Ce soir, pour le jour le plus long, il est de tradition d'allumer le « feu de la Saint-Jean » d'où cette précision demandée par le roi. « Il faut moult s'assurer que tout a bien été prévu. » C'est dans le caractère du Vert Galant et c'est pour ça que « ça marche ».

– Bien, Monsieur le sénéchal, je vous en remercie.

Au moment de prendre congé, l'homme se ravive :

– Ah ! Sire, j'oubliais, il y aura aussi un grand sac rempli de chats.

– Ah ! L'an passé, le peuple avait bien apprécié. Bougre !

Le sénéchal n'a pas passé la porte que jaillit d'un coin de la pièce un enfant joufflu dont tout le monde semblait ignorer la présence.

– Non, non, je ne veux pas les chats !

– Tiens ! D'où sort-il celui-là ?

Le roi Henri prend dans ses bras le petit Louis, son fils âgé de quatre ans, qui semble tout excité.

– Non ! Pas les chats ! Pas les chats !

Riant de cette immiscion dans le projet de la fête, le roi tente en vain de calmer l'enfant.

– Mais tu l'as vu l'an passé, ça ne t'a pas plu ?

– Non, pas les chats ! Pas les chats !

Comment résister aux sanglots d'un enfant de quatre ans qui s'insurge contre cette coutume particulièrement odieuse ?

En effet, une tradition populaire affirmait que, le 22 juin, les chats participaient à un gigantesque sabbat conduit par le diable. Aussi, pour punir cette race maudite, réputée pour ses vols et sa sournoiserie, quelques jours avant, les rabatteurs piégeaient une douzaine de chats. On les mettait vivants dans un grand sac, et, à l'aide d'une poulie, fixée au sommet de l'arbre, on les montait tout en haut… On refuse d'imaginer ce qui se passait lorsque le sac prenait feu, le communiquant aux malheureuses bêtes. L'horrible spectacle, qui avait l'an passé déchaîné l'enthousiasme du peuple et ses applaudissements, avait horrifié le tout jeune futur Louis XIII dont la mémoire venait de motiver sa réaction.

– Non, je veux pas les chats !

Henri IV était un bon père, de plus il n'appréciait pas beaucoup ce goût du populaire pour des traditions aussi barbares.

– J'irai pas si y a les chats !

– Et tu viendras allumer le bûcher avec moi s'il n'y a pas les chats ?

– Oui !

Alors, Henri IV rappela le responsable, lui donna l'ordre de relâcher les chats, et à partir de cette date cessa l'horrible tradition.

C'est ainsi que, le soir même, on put voir ce petit bonhomme de quatre ans tenir la main de son père lorsqu'il vint mettre le feu au bûcher.

Les feux de la Saint-Jean de l'Hôtel de Ville s'éteignirent à jamais sous la Révolution, en 1790. Trois ans plus tard, au même endroit, on installait la guillotine... Elle a vengé bien des chats.

Son garde du corps s'éloigne... Henri IV est assassiné

Si Vitry avait été là, sans doute aurait-il remarqué le regard fou de ce grand rouquin, barbu, la mine patibulaire, qui avait emboîté le pas au carrosse royal sortant du Louvre.

Nicolas de l'Hôpital, duc de Vitry, chef de la garde personnelle d'Henri IV, veillait si bien sur la personne du roi qu'il avait, avant ce 14 mai 1610, fait avorter 17 tentatives d'assassinat.

Ce vendredi matin-là, Henri IV qui s'est levé avec de mauvais pressentiments, décide de rester au palais. Il y recevra Sully, tandis que Vitry ira vérifier où en sont les décorations de la rue Saint-Denis pour la réception officielle de Marie de Médicis, le surlendemain, dimanche.

– Il faut tout vérifier, palsambleu, sinon c'est la pétaudière.

– Seule Votre Majesté pourrait juger...

– Je reste céans, te dis-je, obéis ou je m'échauffe...

Vitry maugréa et obtempéra. À peine est-il parti qu'un messager vient dire au roi que Sully, souffrant, ne peut se déplacer. Pestant contre cette contrariété qui remet des décisions urgentes, Henri hésite, guette le retour de Vitry et, sur le coup de 15 heures, décide de se rendre sans lui à l'Arsenal où réside son ministre.

Le carrosse, tiré par six chevaux blancs, attend le roi dans la grande cour. Au cocher qui lui demande quel itinéraire prendre, Henri répond :

– Par la croix du Trahoir. Et à l'adresse d'Épernon qui s'assied à côté de lui, il ajoute : Nous pourrons voir ainsi les décorations de la rue Saint-Denis pour dimanche.

Il a peut-être aussi une idée supplémentaire… Y récupérer le capitaine de ses gardes, Vitry.

L'homme qu'à coup sûr Vitry aurait surveillé suivant le carrosse, vous l'avez bien sûr reconnu : Ravaillac, « visionnaire » expulsé par les frères Feuillants d'Angoulême auxquels il faisait « de la peur ». (Physique et comportement à la Van Gogh). « Une vision » lui commande de monter à Paris tuer le roi « pour qu'il ne fasse pas la guerre au Pape ». Arrivé à pied d'Angoulême dans une gargote, il dérobe un couteau à double tranchant… Il a peine à se loger, Paris regorgeant de « touristes » venus assister aux fêtes du dimanche. Ayant dormi aux Trois Pigeons près de Saint-Roch, une nouvelle vision lui surgit – « Tu n'assassines plus le roi… » – Alors il reprend la route d'Angoulême, mais arrivé à Étampes, il a une nouvelle vision – « Tu tues le roi. »

C'est là qu'il revient à Paris tout enfiévré et qu'il se mêle aux badauds qui guettent une éventuelle sortie du roi devant la porte cochère du Grand Louvre, en ce vendredi 14 mai.

La suite est archiconnue. Un embarras rue de la Ferronnerie entre une charrette de foin et un tombereau de barriques de vin… Les gardes soucieux avant tout de dégager la voie, empruntent une petite porte du cimetière des Innocents que longe la rue pour aller au plus vite devant le carrosse royal. Vitry serait-il resté près du roi ?

Sûrement ! Peut-être ? Toujours est-il que dans le véhicule immobilisé, derrière le store de cuir qui flotte au vent, Henri ayant passé son bras droit derrière la tête du duc d'Épernon (qui fut favori d'Henri III) pour gagner la place, écoute une lettre que celui-ci lui lit. Aucun obstacle ne sépare plus Ravaillac de son sinistre projet. Mettant un pied sur une borne en pierre, que le destin a placée là, et l'autre sur un des rayons horizontaux de la roue arrière, il se trouve juste à la hauteur de sa cible... Deux coups de couteau. Le premier glisse sur une côte mais le second pénètre entre la 5e et la 6e côte, perforant le poumon et sectionnant à moitié l'aorte.

– Je suis blessé, dit le roi.

Ce furent ses dernières paroles. Ramené de toute urgence au Louvre, sans connaissance, Henri rendit son dernier soupir pendant qu'on le transportait dans un fauteuil au premier étage de la Cour carrée du Palais.

Passé à la question, puis écartelé, les quatre membres attachés à quatre chevaux, Ravaillac ne donna aucun nom de ceux qui auraient pu l'encourager dans sa funeste entreprise.

Y en avait-il ? Ses « visions » lui suffisaient sûrement. Ce qui entretint le doute, c'est que le procès-verbal de l'interrogatoire disparut mystérieusement.

Vitry continua son service à la cause royale et, chargé par le jeune Louis XIII d'arrêter Concini, trouva plus expéditif de lui fracasser le crâne d'un coup de pistolet.

Fait duc et pair de France par Marie de Médicis, veuve d'Henri IV, il mourut après une existence bien remplie à l'âge de 63 ans, de sa belle mort.

Un « curieux » a calculé (et j'ai le tort de lui faire confiance) les présences du chiffre 4 dans l'existence de ce roi qui fut sûrement l'un des plus populaires qui soit. Je vous livre son travail « brut de décoffrage ».

Henri de Bourbon, 14 lettres, naquit 14 siècles, 14 décades et 14 ans de l'ère chrétienne. Il mourut un 14 mai, à 4 heures de l'après-midi, ayant vécu 4 fois 14 ans, 14 semaines et 14 jours... Ce fut Henri IV.

Un sage ? Un vieux débauché oui !

– Dites-moi, mon compère, vous qui savez tout, quel est cet extravagant vieillard dansant la pavane comme un jouvenceau ?

Le fait est que la vision de ce vieux monsieur dans les 75 ans, batifolant avec d'accortes jeunes femmes en toute extravagance, avait quelque chose d'insolite, voire de choquant. D'autant plus que l'individu, vêtu à l'ancienne, donnait l'apparence d'une châsse ambulante, tant il était bardé de bagues, colliers, fibules, boucles d'oreilles en or et argent qui bringuebalaient à chacune de ses grotesques gesticulations.

– On dit qu'il fut un personnage d'importance. Je le rencontre souvent sous les arcades de la place Royale, toujours accompagné d'une bande de jeunes des plus dévergondés qui soient, à commencer par son épouse.

– Il est donc marié ?

– Mais la blondinette aux seins pigeonnants en robe framboise, c'est sa femme.

– Non, vous voulez me tromper !

– Que nenni, mon compère, c'est elle qui le trompe et elle ne se gêne pas de manières. De fait, lui ne s'embarrasse nullement de la chose. On m'a rapporté que chaque semaine, il lui alloue un versement en trois parts : une pour les soins de la maison, une pour ses soins à elle…

– Et la troisième ?

– Pour les amants de sa femme, à une condition.

– Une condition ?

– Oui, et vous ne devinerez jamais laquelle.

– Je donne ma langue au chat.

– Que ses amants n'encombrent ni son escalier ni sa porte.

– Non !

– Si.

– Et où habite-t-il, cet extravagant vieillard ?

Justement, cet étrange vieillard libidineux, sorte de caricature de la débauche la plus éhontée, habitait juste à côté de la place Royale, dans un hôtel particulier de toute beauté dont l'annexe donnait sur la place elle-même. Cet homme était devenu, avec l'âge, exactement le contraire de ce qui avait fait sa renommée grâce à sa sagesse. Mis à la retraite dès l'âge de 51 ans, il avait reçu une grosse somme pour services rendus au royaume de France dont il avait été « le sage » pendant vingt ans. Vingt années qui l'avaient vu protéger les agriculteurs, encourager les petites entreprises, faire construire des ponts, des canaux, des routes. Il avait si bien géré les deniers de l'État qu'à sa retraite, la France possédait à la Bastille une réserve d'or d'une valeur de 40 millions.

C'était l'époque où les premiers louis d'or furent frappés à l'effigie de Louis XIII.

Maintenant, si vous avez encore un doute sur l'identité de cet extravagant vieillard, voici sa devise :

« *Labourage et partage sont les deux mamelles de la France.* »

Bien sûr, c'est Monsieur Sully. Oui, Maximilien de Béthune, baron de Rosny, duc de Sully, ce parangon de sagesse, ce prince de l'économie, ministre préféré d'Henri IV, était devenu sur la fin de sa vie ce vieux fêtard qui mourut à 82 ans, dépensier, cocu et content.

La vaisselle en trop pour Louis XIV

COMMENT un homme de qualité, capable de rassembler autour de lui autant d'artistes de talent que Le Vau, Le Brun, Le Nôtre, Molière et La Fontaine, a-t-il pu commettre une telle erreur de jugement ?

COMMENT un ministre aussi puissant, surintendant général des Finances, put-il imaginer impressionner, voire éblouir, un jeune souverain de 22 ans venant de prendre en main le destin de la France ?

COMMENT un homme, tout simplement intelligent, put-il avoir un raisonnement aussi stupide. Aujourd'hui on dirait populairement : cette énorme « connerie ».

Ce 17 août 1661 très précisément, Fouquet (vous l'aviez reconnu !) a réussi à faire venir Louis, quatorzième du nom, et sa mère Madame Veuve Louis XIII, inaugurer sa nouvelle résidence. Le roi a donc laissé le vieux Louvre qu'il a entrepris de rénover entièrement pour en faire « le plus beau palais d'Europe ».

Il arrive devant un château somptueux, flambant neuf, conçu par Le Vau, jardins splendides de Le Nôtre. Tout reflète le raffinement, le luxe, l'aisance pécuniaire, et l'intérieur, décoré par Le Brun, n'a rien à envier à l'extérieur. Le personnel, les équipages, les laquais, tout a été trié, sélectionné, éduqué, rien n'a été laissé au hasard. Évidemment, le jeune roi qui, depuis la mort de Mazarin voici quatre mois, a repris en main les destinées du royaume et commence à connaître les difficultés de la gérance d'un budget, apprécie à sa juste valeur tout cet argent englouti.

En pénétrant dans les lieux, les marbres, les bois, les tapis, les soieries, les tableaux, les plafonds s'additionnent en écus dans sa tête.

Bien sûr, Fouquet possédait une fortune personnelle substantielle, mais Louis n'a aucun mal à imaginer qu'elle n'a pas suffi pour assumer une telle débauche de richesses. Alors, au lieu d'être ébloui, le XIVe bouillonne de rage contenue. À ses côtés, Madame Mère, l'Espagnole qui vient de diriger le royaume en compagnie de son âme damnée l'Italien Mazarini pendant plus de vingt ans, l'oblige à faire bonne figure.

– Contenez-vous, mon fils, contenez-vous !

Et Fouquet, inconscient, qui en rajoute.

– Si Votre Majesté veut bien passer sur la terrasse avec vue sur le parc que nous a imaginé M. Le Nôtre...

Jardins à la française, pièces d'eau reflétant le ciel, jets d'eau, cascades, le talentueux jardinier n'ayant au départ aucune contrainte s'est surpassé. Devant le mutisme de son fils, la Reine Mère compense.

– Splendide, Monsieur Fouquet, splendide.

Comment dire le contraire ? Le luxe et le raffinement éclatent de partout, des musiques diffusées par des orchestres invisibles donnent aux lieux un charme incomparable.

– Magnifique, Monsieur Fouquet, magnifique.

Mais c'est en passant à table que la fureur rentrée du jeune roi va dépasser la mesure, au point que Louis hésite à s'asseoir : la vaisselle disposée sur la nappe est en OR.

Si Madame Mère ne l'avait pas en quelque sorte obligé à s'asseoir en prenant place elle-même, le jeune roi aurait illico regagné son équipage pour retourner à Saint-Germain, sa résidence d'été, en claquant la portière du carrosse !

Une vaisselle en or ? Alors que lui, petit-fils d'Henri IV, avait été contraint par Mazarin de vendre la vaisselle en « argent » de la couronne pour payer les dettes de la Guerre de Trente Ans… Un doute « atténuateur » se glissant dans son esprit contraint Louis à s'enquérir :

– Service en vermeil ? (argent doré à la feuille d'or).

– Pardonnez-moi, Sire… en OR

Une sonnerie de trompettes vint sans doute changer de chapitre car Louis resta déjeuner. L'histoire ne dit pas s'il eut bon appétit, ses ruminations intérieures suffisant à compenser sa boulimie naturelle. Après le repas, il y eut « divertissement » et, là encore, Fouquet en rajouta :

– C'est Molière qui nous a conçu le spectacle… Votre Majesté apprécie Molière ?

Si ELLE apprécie ?

En reconnaissance de son grand talent après *Les précieuses ridicules*, Louis ne vient-il pas de lui confier la nouvelle salle du Palais Royal ? Même Molière a été « détourné ».

Après un feu d'artifice éblouissant, Louis, de plus en plus furibond, va prétexter une indisposition pour écourter la collation et rentrer en son château de Saint-Germain. Il n'étrennera pas ainsi la somptueuse chambre que Fouquet avait fait aménager pour son illustre visiteur. Tandis que le roi monte en carrosse, le surintendant, quand même alerté par l'attitude constipée de son hôte, s'incline au plus bas et dit, ouvrant largement ses bras :

– Bien entendu, Sire, tout ceci est la propriété de Votre Majesté.

Mots imprudents autant qu'inutiles car, si Fouquet conserva quelques doutes sur l'effet de sa magnificence, ils s'évanouirent lorsque d'Artagnan, mousquetaire du roi, vint lui intimer l'ordre de le suivre en prison.

Condamné à la confiscation de ses biens et à l'exil, Louis, sauvagement, fera transformer l'exil en prison à vie, préférant un ennemi muet à un opposant bavard.

Par contre, réalisant qu'il ne pourrait jamais surpasser le château de Vaux en rafistolant le vieux Louvre de Paris, le roi décida de tourner son regard ambitieux vers le soleil couchant.

Le pavillon de chasse de Louis XIII à Versailles est extensible à volonté et puisque les « Le » sont libres, le Vau, Le Nôtre et Le Brun…

Molière sera récupéré également, seul Vatel rentrera au service du prince de Condé à Chantilly. (Ce qui ne lui portera pas chance puisque, dix ans après ce 17 août fatal à Fouquet, Louis le Grand se rend à Chantilly où le grand cuisinier attendra vainement la marée… S'estimant déshonoré, Vatel va s'embrocher comme un vulgaire dindon au fil de son épée.)

Alors ? En extrapolant quelque peu, on peut penser que ce 17 août 1661, si Fouquet n'avait pas commis cette « connerie » monumentale en invitant le jeune roi à Vaux pour lui montrer sa vaisselle en or, Louis XIV se serait contenté du Louvre, ne devenant jamais ce présomptueux, si bien identifié au roi Soleil, fils de Dieu, qu'un jour de bataille perdue, on entendra dire, le regard planté dans le ciel :

– Dieu aurait-il oublié tout ce que j'ai fait pour lui ?

Ça aussi, ça vaut son pesant de « connerie », non ?

Camouflet rime avec Champs-Élysées

Étonnant : le mot « camouflet » vient du fait qu'un fumeur de pipe, voulant vexer et provoquer quelqu'un, lui soufflait sa fumée de tabac dans le « mufle » ou « museau »... Comme le mot remonte (d'après le *Petit Robert*) aux années 1680, Louis XIV a pu très bien ruminer l'idée que « Fouquet lui avait infligé un camouflet... »

Grâce à cette « provocation » nous avons hérité du château de Versailles, mais nous avons été privés d'un « super Champs-Élysées » allant du Louvre à la place du Trône (4,300 km) terminé par un Arc de Triomphe tout aussi imposant (50mx50mx50m).

De fait, avant d'abandonner Paris au profit du pavillon de chasse de « papa treize », Louis avait doté le Louvre d'une porte monumentale, signe de ses ambitions : « Faire de notre palais le plus beau de toute la chrétienté. » Cette porte, c'est la « colonnade de Perrault ». Colossale, immense, conçue pour être vue de loin et non pas de cette petite place, limitée par l'église Saint-Germain l'Auxerrois et la mairie du 1er arrondissement de Paris, c'est évident.

Alors ? Tout avait été prévu, calculé, mieux : programmé.

Le 26 août 1660, le jeune Louis, de retour de Reims où il a été sacré roi de France, en compagnie de son épouse Marie-

Thérèse, s'arrête à la lisière de Paris. Sur une place, tout un décor a été planté, avec une estrade et deux trônes. Toute la journée, les notables, les échevins et le bon peuple de Paris vont défiler devant leurs majestés, si jeunes (22 ans tous les deux) et si gracieuses. La place, conservée et aménagée, s'appellera place du Trône.

Or, prenez un plan de Paris et une règle, posez-la entre cette place (aujourd'hui place de la Nation) et le Louvre… C'est tout droit… Et de surcroît, c'est en direction du levant, symbole de l'avenir et non du couchant, le passé.

« Nous voulons ! » On ne discute, pas plus qu'on ne lésine, avec ce jeune roi qui représente l'État. On fait venir Le Bernin, qui vient de faire les colonnades de la place Saint-Pierre de Rome. On le couvre d'honneur et de louis d'or. « *Per favore*, faites-nous une porte-façade comme seul votre génie sait le faire, *grazie, prego* ! » L'empereur du Barroco cogite, s'agite, « enquiquine » tout le monde et accouche d'un projet délirant. À sa vue, Louis pâlit sous sa perruque :

– Ah ! C'est çà ?

– *Bellissimo, no ?*

Louis a été bien élevé.

– *Grandissimo ! Grazie mille…*

Nous l'avons dit, Bernini est aussi tourmenté que sa sainte Thérèse en extase. Comme il s'attarde, on pose la première pierre de « sa » façade, et on le remet en TGV (très grande voiture).

– *Arrivederci Parigi…*

Ses six chevaux n'ont pas passé la porte d'Italie que Louis jette le plan du cavalier Bernin par une fenêtre du Louvre, avec sa canne (tradition), en disant :

– Monsieur Perrault, on nous conte que vous auriez conçu un pendant à votre Arc de la place du Trône ?

Le frère aîné du conteur glougloute dans son jabot. Bien sûr qu'il a cogité un projet de colonnade. Colbert opine :

– C'est grandiose, Sire… Toute l'Europe enviera cette arrivée magistrale.

En effet, avec le recul, on réalise qu'à l'époque, une ouverture vers l'Ouest comme sont les Champs-Élysées, n'avait aucun sens. Le Nouveau Monde et les îles peuplées de sauvages ne comptaient pas pour la France. L'Europe des rois, c'était l'Est. Que l'on arrive de Prusse, de Russie, de Hollande, d'Italie même, les grandes routes pourraient toutes converger vers cette place du Trône, avec son arc de 50 mètres sur 50, au sommet duquel trônerait une statue équestre du grand roi. Ensuite, une avenue large de 14 coudées (70 mètres), bordée d'arbres, d'hôtels particuliers, de logements, de boutiques soigneusement sélectionnées sur plans (comme pour la rue de Rivoli) amènerait le voyageur directement au Palais du Louvre.

– Nous voulons ! Et quand nous voulons, nous faisons.

Colbert, Perrault forment leurs équipes. On démolit, on creuse, on remblaye. La façade Est du Louvre et la place du Trône sont en pleins travaux. Ceux du Louvre vont plus vite que ceux de la place du Trône où, pour supporter une masse aussi énorme de 50 mètres sur 50, il faut assurer le sous-sol (comme pour l'Étoile).

On ne sait pas quand la question du « déblayage » de l'avenue devint une question pressante, mai si le déplacement du vieil Hôtel de Ville et la démolition de l'horrible Bastille ne posent aucun problème… ce n'est pas le cas de Saint-Germain l'Auxerrois qu'il faut dégager aussi !

Le problème est là : Saint-Germain l'Auxerrois ! La plus vieille église du Paris intra-muros. Emplacement sacré qui avait nargué les Normands, repoussé les Huns, protégé les nautes (sic). Paroisse du vieux Louvre, enrichie par les reines et où tous les rois avaient prié, communié sous ses voûtes remplies de souvenirs prestigieux. Et il fallait la casser pour assurer ce projet monumental qui assurerait la gloire du roi du soleil levant.

Alors, évidemment, en voyant aujourd'hui la petite place devant cette immense colonnade et Saint-Germain l'Auxerrois qui nargue le Louvre, on comprend que « ça n'a pas abouti… » Le projet est tombé dans l'eau du « Grand Canal ».

La colonnade n'a été achevée que sous Napoléon 1er. L'Arc de Triomphe de la place du Trône, devenue place de la Nation, n'a jamais vu le jour… et Saint-Germain l'Auxerrois a pu continuer à célébrer ses mariages et ses enterrements.

Il y a bien eu encore quelques alertes, car le projet coule de source comme la Seine. Le « grand bazard à colonnes », qui mérite mieux que cette petite place de sous-préfecture, a fait l'objet de bon nombre de réflexions :

Napoléon : « Reprenons l'idée du p'tit Louis, la place du Trône et tout droit… »

Louis-Philippe : « Achevons l'œuvre de mon aïeul, d'ailleurs, l'église n'est-elle pas en ruine ? »

Napoléon III : « L'Hôtel de ville : le peuple, le Louvre : les rois, tout un symbole ! »

Celui-ci ira plus avant que les autres en construisant l'avenue Victoria qui s'arrête bêtement sur les immeubles de la rue des Lavandières, à quelques pâtés de maisons du Louvre. (Là, se trouve la rue du « Mauvais Conseil » ! Amusant, non ?)

Finalement, nous avons les Champs-Élysées et son Arc de Triomphe de l'Étoile (50x50) qui voit le soleil se coucher, pile dans son axe, chaque 2 décembre, date souvenir de la bataille d'Austerlitz. (Barré par l'aberrant « Arc » de la Défense…)

Et nous avons aussi Saint-Germain l'Auxerrois qui donne encore une leçon de modestie au « grand bazard à colonnes ». Pour une fois que le pot de terre a gagné contre le pot de fer, amis du vieux Paris, réjouissons-nous !

AGITATO, FORTISSIMO, LAMENTABILE

Un jour où tout va mal, ça arrive à tout le monde, et c'est ce qui advient ce jour-là à Lulli. Il doit présenter au roi sa dernière œuvre, sorte de symphonie avant la lettre, dont il est très fier, et le roi n'est pas là. Pas encore… Si l'exactitude est la politesse des rois, Louis XIV est, ce jour-là, le parangon des malappris. Déjà que la répétition avec les musiciens a été des plus laborieuses. Les violons qui s'endorment, les cuivres qui dérapent, les timbales qui détonnent. Arrêts, reprises ont mis les nerfs des musiciens en boule et sa patience aux limites de l'implosion. Enfin, tout est à peu près réglé pour l'heure prévue et voilà maintenant qu'on vient l'avertir :

– Sa Majesté aura du retardement.

Assis, un peu à l'écart des musiciens qui, démobilisés, retrouvent leurs conversations casanières, Lulli, pour calmer son énervement, se remémore tout le chemin parcouru pour en arriver là. Parti de Florence adolescent avec comme passion la musique, il a la chance de piquer l'attention du jeune roi grâce à sa maîtrise du violon. Sa vivacité d'esprit, son sens de l'à-propos, son accent italien et puis, disons-le, son talent font le reste… Le voilà reconnu comme compositeur de ballets en collaboration avec un certain Molière qui a su, lui aussi, capter l'intérêt de ce roi si sensible aux beaux-arts.

Devenu le «Monsieur Musique» de la cour, il va créer des opéras, mettre en scène des ballets, diriger des orchestres avec bonheur et maestria.

Heureux dans son métier, comblé dans la vie, marié, des enfants, ne vient-il pas de faire construire un hôtel particulier rue des Petits-Champs grâce, il est vrai, à la générosité de son ami Molière qui lui a prêté la somme considérable de 11 000 livres. La France est riche… à Versailles.

Mais on s'agite en coulisse, un grand mouvement se devine dehors :

– Messieurs, le roi !

Lulli s'est levé, les musiciens cessent leur caquetage et l'imitent. Tous les visages convergent vers l'entrée où paraît Sa Majesté dont le regard panoramique fait «courber l'échine et plonger de la perruque».

Le roi assis, Lulli, tenant en main la canne de chef d'orchestre, s'avance et salue.

– Puis-je ?

Sa Gracieuse Majesté opine de son chef avec condescendance. Louis sait qu'il est très en retard, que Lulli n'aime guère attendre… Mais ce ne sont pas les humeurs d'un p'tit Florentin qui pourraient entamer sa sérénité.

Trois coups de canne sur le parquet. C'était à l'époque l'équivalent de la baguette actuelle des chefs d'orchestre. Coup d'œil à l'ensemble des musiciens.

– Une, deux !

Et c'est parti… Mal parti d'ailleurs, les violes ont pris du retard.

– Une, deux !

Comme un fait exprès, les hautbois voulant se laisser rattraper traînent de la hanche… Soufflant comme un bœuf, Lulli essaye de resynchroniser ses musiciens comme un cocher de carrosse le galop de ses chevaux . Et pan, et aïe ! Un juron étouffé, la canne lâchée qui tombe, Lulli, dans sa grande nervosité, vient de s'écraser les doigts de pieds.

Louis aura-t-il ri ? Car rien n'est si risible que ce genre de malheur qui arrive aux autres. Comment s'est terminé le concert ? On manque de précisions sur la suite de cet événement.

Ce que l'on sait par contre de façon certaine c'est que, sorti de la salle, porté par des valets et reconduit chez lui sanglé sur un fauteuil, le pauvre musicien va voir quelques jours plus tard son pied passer du bleu au vert. La gangrène va gagner la jambe, et après quelques semaines d'atroces souffrances, Lulli va mourir de septicémie. Et tout ça pour avoir voulu faire respecter la mesure sans en mesurer la portée ! « Quelle tristesse ! » dira Chopin.

L'ŒIL AU-DELÀ DE LA TOMBE

Nul n'égalait Louis XIV et surtout personne ne pouvait lui tenir tête, ou alors, malheur à celui qui osait.

Ayant eu en main, depuis la mort de Colbert, l'armée qu'il avait réorganisée, les bâtiments et les manufactures, Louvois devenait si « empoisonnant » pour Louis XIV que bon nombre d'historiens pensent qu'à l'âge de 50 ans, il est mort à point, empoisonné ! Par qui ? Question sans réponse.

Toujours est-il que la vengeance du Roi Soleil se manifesta au-delà de la mort du grand ministre qu'il avait même prévu d'embastiller... à défaut.

Ayant été un grand réformateur de l'armée de métier, Louvois avait eu à cœur de fonder, comme l'avait préconisé Henri IV, un lieu de retraite pour les soldats blessés ou handicapés, ce qui fut fait avec l'Hôtel des Invalides.

Dans ses dernières volontés, celui qui se faisait appeler « Monseigneur Louvois » avait demandé à être inhumé sous le dôme de Mansart. Prenant prétexte que le « chef-d'œuvre » de celui-ci n'était pas achevé, on inhuma, provisoirement, Louvois dans l'église Saint-Louis, tout à côté du dôme... Et puis, sous d'autres considérations fallacieuses, huit ans plus tard, son monument funéraire et son corps atterrirent dans la chapelle du couvent des Capucines, place Vendôme.

Enfin, comble de l'exil, en 1806, lors du percement de la rue de la Paix, par Napoléon, le couvent étant démoli, monument et restes de Louvois furent « parachutés » dans une église de la ville de Tonnerre... où le grand ministre purge ses crimes de lèse-majesté et autres vilenies. (N'avait-il pas organisé les « dragonnades » ?)

L'histoire se charge parfois de revanches inattendues. Aujourd'hui, si les Invalides attirent les touristes en rangs serrés, c'est avant tout pour avoir une vue plongeante sur le tombeau de Napoléon qui squatte littéralement le site, sous l'admirable dôme de Mansart. À peine si, de l'autre côté du bâtiment au fronton du grand portail d'entrée, les guides mentionnent-ils la statue équestre qui rattache Louis XIV à l'édification du monument. La cour d'honneur ou royale est, elle aussi, squattée par la statue en pied de l'Empereur, laquelle fut un temps placée au sommet de la colonne Vendôme.

Cette cour d'honneur qui donne sur le portail de la cathédrale Saint-Louis où fut provisoirement admis Louvois, est souvent l'objet de cérémonies posthumes à caractère national. Au-dessus de l'horloge qui sonna les grandes heures de l'histoire de France, Napoléon attire tous les regards. C'est lui la vedette incontestée des lieux... Et pourtant...

Sans analyser les avatars de François Michel Le Tellier, seigneur de Chaville, marquis de Louvois, tous les guides ou amateurs de la petite histoire ne manquent jamais d'attirer le regard des visiteurs sur la cinquième mansarde à droite en entrant. Cette mansarde, originale, comme toutes celles qui éclairent les combles, est formée d'un loup sculpté à mi-corps, dont la tête est cachée à moitié par des feuilles et dont les pattes soutiennent l'œil-de-bœuf. Ce loup regarde en bas dans la cour... « Loup voit »...

Armes parlantes de celui qui, par-delà les siècles, prend sa revanche sur Louis XIV dont le mausolée fut cassé à Saint-Denis, sous la Révolution, et dont les os gisent, épars, dans la fosse commune de la monarchie, à deux pas du Stade de France.

« Loup voit », une vengeance du tonnerre dans la grande lumière d'un « Roi Soleil » qui voulut l'éclipser.

L'HOMME QUI OSA TOISER DE HAUT LOUIS LE GRAND

– Quel est ce manant qui ose demeurer debout comme Nous, face à Dieu ?

De fait, jamais en 66 ans de règne, Louis, quatorzième du nom, n'avait vu une telle insolence : rester comme Lui, debout face à l'hostie sacrée au moment de l'élévation.

Il aura fallu que Sa Majesté accepte de se déplacer au confluent de la Marne avec la Seine, à Bercy très précisément, pour assister à un tel crime. Car il s'agit bien d'un crime, et double de surcroît, lèse-Dieu et lèse-Majesté. Cela méritait un châtiment exemplaire.

L'*ite missa est* à peine prononcé, Louis fait part de ses griefs au chef de sa garde rapprochée, lequel revient quelques instants après sans le coupable.

– Que Votre Majesté veuille bien me pardonner, mais l'individu n'était pas demeuré debout. Il estoit à genoux comme il se doit. Le fait vient qu'il est poussé haut par sa taille exceptionnelle de plus de 7 pieds.

– Un géant ?

– Un géant, Sire, voyez par vous-même à présent qu'il est déplié à sa place.

Un regard vers l'inconnu confirme au roi la taille exceptionnelle de l'homme qui atteint de fait les deux mètres.

Amusé de sa méprise et curieux de cette rencontre exceptionnelle, Louis fait part du désir de l'entretenir un moment. Nullement impressionné par ce face-à-face avec le roi, qu'il domine d'une demi-toise, l'homme déclare s'appeler Martin et « fait valoir » des vignes dans les environs de Joigny.

– Tu es donc vigneron ?

– Oui Sire, et je puis dire sans forfanterie que mon vin est le meilleur de tout le comté… Mais puisque j'ai l'honneur de parler à Notre Majesté, permettez que je lui dise ce que j'ai sur le cœur… Si ça ne contrarie pas votre… Votre grandeur.

– Ma grandeur ? Il ne manque pas d'esprit le bougre, va, nous t'écoutons.

Et Martin de faire part au roi des difficultés du métier, compte tenu des taxes, des impôts, des transports, des intempéries.

–… Tant et si bien, vot'Majesté, qu'au bout d'l'an il n'nous reste plus qu'nos yeux pour pleurer su nos misères.

La sincérité du vigneron alla droit au cœur de Louis Le Grand qui savait aussi être généreux, avec les deniers du royaume.

Il accorda à Martin le droit de vendre sa production viticole, sur la grève même de Bercy, en pleine franchise de taxes.

On raconte que pour mieux remercier le roi de sa magnificence, le vigneron tomba à genoux, ce qui lui permit de lui dire face à face, les yeux dans les yeux :

– Bercy, Sire, Bercy beaucoup !

Une autre version, plus apocryphe encore, prétend qu'il se contenta de laisser tomber :

– Reçu 14 sur 14, Sire.

Quelle qu'en soit la version, c'est bien grâce au Roi Soleil, sorti ce jour-là de son palais, que le commerce des vins s'installa à Bercy, bien avant que le palais de Bercy ne fasse le commerce… des étoiles.

Où le petit Poquelin devint Molière

– Or ça, Monsieur mon Père, auriez-vous conçu l'idée coupable d'inciter mon fils, Jean-Baptiste, a exercer le métier pendable de comédien ?

Atteint de plein fouet, le grand-père Poquelin se cabre sous l'opprobre, vexé d'autant plus que ledit Jean-Baptiste est là, à ses côtés.

C'est, précisément en revenant du théâtre de l'Hôtel de Bourgogne, où il conduit très souvent son petit-fils de quatorze ans, que l'altercation a lieu dans la boutique du tapissier.

Celle-ci se trouve au cœur de la rue Saint-Honoré, à l'angle de la rue des Vieilles Étuves (Sauval) où le père du futur Molière fait commerce d'étoffes. La maison (démolie sous le Premier Empire) est alors une maison « remarquable ».

Comme à l'époque la numérotation n'existe pas, on se sert de ces maisons remarquables comme repère. Celle des Poquelin arbore en effet, du rez-de-chaussée au second étage, un « poteau cornier » en bois sculpté, de cinq mètres de haut, qui représente des singes cueillant des oranges, d'où son appellation de Pavillon des Singes.

Le minuscule carrefour en T, formé par la rue de l'Arbre-Sec se jetant dans la rue Saint-Honoré, presqu'en face du pavillon, est dit, présomptueusement, « place de la Croix du Trahoir » et, si un marché aux légumes s'y tient plusieurs jours par semaine, on y dresse de temps à autre une potence où se balancent parfois les carcasses des « fruits du crime », d'où « l'arbre sec ».

Les enfants du quartier viennent jouer sur cette place minuscule, encombrée en son milieu par une fontaine surmontée d'une croix, obligatoire sur tout « lieu de justice » afin que le condamné puisse, jusqu'à son dernier regard, obtenir le pardon de ses fautes.

Parmi les copains du fils Poquelin, un nommé Savinien Cyrano, qui rêve lui aussi de théâtre et qui, comme tous les enfants du quartier, va de temps en temps acheter un gâteau pour son goûter chez un certain Ragueneau dont, dit-on, la pâtisserie se trouvait à l'angle de la place.

Jean-Baptiste est l'aîné des neuf enfants du tapissier et son esprit éveillé autant que sa curiosité insatiable ont conquis son aïeul qui rêve en effet, secrètement, d'en faire autre chose que le successeur de son père, comme le veut la tradition.

– Tout beau, Monsieur mon fils, tout beau, je ne vois pas où est le crime d'élever l'esprit d'un enfant en l'emmenant au théâtre ?

– Beau théâtre en effet que ces farceurs qui rivalisent de vulgarités !

– Ne confondez pas Monsieur, je vous prie, les saltimbanques qui s'exhibent sur le Pont-Neuf et les comédiens de l'Hôtel de Bourgogne d'où nous arrivons présentement.

– C'est du pareil au même.

– On ne saurait être moins bien informé, les vers de Monsieur Corneille sont tout à l'honneur de notre langue, et son *Illusion comique*, servie par des diseurs admirables, est une comédie du plus grand intérêt.

– Quel diable de jargon avez-vous besoin d'aller chercher là ? Un futur tapissier n'aura que faire de bons mots.

– Peu me chaut qu'il manie la batte ou les ciseaux, pourvu qu'il ait autant de talent que Messire Bellerose.

Bellerose était alors un des comédiens les plus prisés, et nul doute que le parallèle frappa l'imagination subtile de Jean-Baptiste au point qu'il rapporta plus tard l'anecdote. Cependant, à l'époque, on n'affrontait pas ainsi la volonté paternelle et le futur Molière accepta de poursuivre ses études au collège de Clermont (Louis Le Grand). Excellent élève, surtout en lettres et philosophie, le jeune Poquelin achèva ses études à Orléans où il obtint une licence en droit.

Il a vingt ans et se lie d'amitié avec un certain Chapelle, passionné de voyages et de littérature, et surtout il retrouve Cyrano de Bergerac, son copain de la place de la Croix du Trahoir, débordant de la façon que l'on sait grâce au chef-d'œuvre de Rostand.

Les trois amis sont passionnés de théâtre… C'est alors que Jean-Baptiste vient rue Saint-Honoré, dans la maison familiale, annoncer à son père qu'il ne suivra pas le chemin que celui-ci lui a tracé.

– Je serai comédien, comme Bellerose.

On ne connaît pas la vraie scène qui se déroula dans la boutique, mais il est possible d'avoir une idée de ce qu'elle fut en empruntant à Molière lui-même, le dialogue qu'il écrivit quelques années plus tard entre un père et un fils dans *L'Avare*. Paroles terribles pour une époque où l'autorité parentale était absolue et sacrée.

Harpagon – Comment pendard… ne suis-je pas ton père, et ne me dois-tu pas respect !

Cléante – Ce ne sont point ici des choses où les enfants soient obligés de déférer au père…

Harpagon – Je te ferais bien me connaître avec de bons coups de bâtons !

Cléante – Toutes vos menaces ne feront rien.

Harpagon – Donnez-moi un bâton tout à l'heure…

Cléante – Rien ne me peut changer.

Harpagon – Laisse-moi faire, traître !

Cléante – Faites tout ce qu'il vous plaira.

Harpagon – Je te défends de me jamais voir.

Cléante – À la bonne heure.

Harpagon – Je t'abandonne.

Cléante – Abandonnez.

Harpagon – Je te renonce pour mon fils.

Cléante – Soit.

Harpagon – Je te déshérite.

Cléante – Tout ce que vous voudrez.

Harpagon – Et je te donne ma malédiction.

Cléante – Je n'ai que faire de vos dons.

On connaît la suite... après des années de galère, Molière va enfin, avec *Les Précieuses Ridicules*, trouver le chemin du succès qui va lui permettre d'écrire des chefs-d'œuvre, repris encore aujourd'hui avec le même succès.

Alors, il est raisonnable de penser que si, à vingt ans, le fils Poquelin décida de renoncer au négoce des tissus pour se consacrer au théâtre, c'est assurément grâce à ce grand-père qui, un soir rue Saint-Honoré, osa secouer le tapis des traditions familiales, faisant ainsi d'un simple tapissier un des génies du théâtre.

Merci, Monsieur, pour ce cadeau royal.

MOLIÈRE SAUVÉ DE LA NOYADE GRÂCE AU SOLEIL

– Patron ! Patron !

Réveillé en sursaut par la voix de son fidèle Baron, Molière ouvre un œil étonné.

– Que se passe-t-il ?

Faisant écran avec sa main devant la bougie, le régisseur s'excuse de cette immiscion dans son précieux sommeil. Ce n'est pas, en effet, sans raison impérieuse que l'homme de confiance du « patron » se permet de venir interrompre sa nuit largement avancée.

Le récit de cette péripétie mémorable en a été fait par le fils de Racine qui figurait parmi les convives, sans doute un peu moins « allumé » que les autres.

Depuis quelques années déjà à la belle saison, Molière, fatigué par une toux tenace, vient se réfugier dans une maison isolée, loin de Paris (!), à Auteuil où il travaille présentement une prochaine pièce… sur les médecins.

Cette maison disparue se situerait aujourd'hui au 62, rue Théophile-Gautier, non loin de l'église d'Auteuil.

Les amis de celui qui lors est devenu le « protégé » du Roi Soleil, viennent profiter de la générosité de Jean-Baptiste qui tient table ouverte aux visiteurs. Racine, Lulli, Mignard, La Bruyère figurent parmi les habitués de marque, et si La Fontaine et Boileau se joignent souvent au cénacle, contrairement à ce que le nom du dernier cité pourrait laisser croire, le vin coule à flots et ce n'est ni de la piquette d'Argenteuil ni du Clos Montmartre.

Ce soir-là, précisément, un certain Claude Chapelle, poète, pamphlétaire, libertin débauché, vieux « poteau » de Molière (ami sur lequel on peut s'appuyer, devenu « pote ») a mené tambour battant la soirée, jusqu'au moment où le maître des lieux, fatigué, s'est excusé auprès de la joyeuse compagnie :

– Pardonnez ma retraite hâtive, mes amis, mais écrire sur les médecins me fatigue plus que le corps médical ne m'y autoriserait... Alors, que mon départ ne provoque nullement le vôtre.

Sorti sous les lazzis, les rires et les applaudissements, Molière accompagné de Baron regagne sa chambre où il ne va pas tarder à sombrer dans un sommeil réparateur...

Jusqu'à ce moment où Baron réveille son « patron ».

– Alors Baron, parle au lieu de t'excuser... s'impatiente Molière.

– Voilà, Patron !

Et le fidèle compagnon de Molière raconte que nombre de bouteilles ayant été vidées, l'assemblée qu'il a laissée est dans un tel état d'ébriété avancée qu'ils veulent tous s'en aller se jeter dans la Seine.

– Dans la Seine ? s'exclame Molière.

– C'est Chapelle qui les a persuadés de cela, ils se vêtent même pour sortir et si vous n'intervenez pas...

Persuadé de la gravité de la situation, Molière se lève, passe une robe de chambre à la hâte et descend rejoindre ses hôtes. Sa venue provoque un flot d'enthousiasme, tempéré au plus vite par le maître des lieux.

– Que se passe-t-il ?

Accroché à la table la langue quelque peu pâteuse, Chapelle prend la parole :

– Mon ami Jean-Baptiste, ce n'est pas toi qui pourras nous

contredire… La vie n'étant qu'une longue chaîne de vici… de vicissi… de misères… il convient donc de s'en débarras… au plus tôt. La Seine est là… à deux pas, hop ! terminé les vicissi… terminé… tu es d'accord ?

Un temps, Molière regarde cette assemblée vacillante, incapable d'écouter le moindre raisonnement logique. Alors, usant de son génie analytique, il lance :

– Vous avez raison !

Une ovation salue ses paroles et, se tournant vers Baron médusé, il ajoute :

– Allons passer mon plus bel habit, veux-tu…

Dans un grand mouvement théâtral, celui qui fut Harpagon et Alceste fait demi-tour sous les vivats de l'assistance et l'œil éberlué de Baron, puis s'arrête net :

– Attendez !

Silence et attention générale envers le maître des lieux qui se retourne…

– À la réflexion, une action aussi belle, aussi généreuse, aussi grandiose ne saurait s'engloutir dans les ténèbres de la nuit. Ne serait-ce que pour l'exemple, L'EXEMPLE, que nous allons donner aux générations futures… Il faut le jour, le grand jour pour mettre en lumière un projet aussi fabuleux. Attendons le jour mes amis, attendons le soleil, seul témoin digne d'accompagner un tel holocauste collectif… Et, d'ici là, poursuivez joyeusement ces moments inoubliables…

Et Molière retourna se coucher, éclairé par un Baron plus fier que jamais de servir un tel « patron ». Quant aux hôtes, ils ne tardèrent pas à passer des bras de Bacchus à ceux de Morphée… et le lendemain, comme la nuit porte conseil…

Il n'empêche que, cette nuit-là, un grand naufrage fut évité et la vie de quelques hommes sauvée grâce à l'à-propos de l'auteur du *Misanthrope*… tout un programme.

BOILEAU ET LE MADRIGAL DU ROI

Un jour, Louis XIV, qui vient d'écrire un court poème appelé madrigal, le fait lire, pour le tester, au maréchal de Gramont, sans dire qu'il est de lui.

– Ne trouvez-vous pas, Gramont, que c'est le plus sot et ridicule madrigal que l'on n'ait jamais fait ?

Approbation du maréchal.

– N'est-il pas vrai que celui qui l'a rimé est bien fat ? poursuit le roi.

– Sire, comment lui donner un autre nom ?

Louis avoue alors qu'il en est l'auteur. Gramont s'effondre, dit qu'il l'a lu hâtivement. Le roi en rit très fort et convient que ses vers ne valent pas d'autre jugement.

Sur ces entrefaites arrive Boileau, considéré par tous comme un bel esprit. Profitant de la complicité des personnes présentes, Louis refait le test.

– Que pensez-vous de ces vers, Monsieur Boileau ?

Tandis qu'il lit le madrigal, au silence complice qui règne sur les lieux, Boileau soupçonne un piège, et quel autre piège que de lire une œuvre du roi ? Aussi, la lecture finie, Boileau rend le poème à Louis en disant :

– Sire, rien n'est impossible à Votre Majesté, elle aura voulu faire des mauvais vers et elle a réussi…

MOLIÈRE ET LA VERTU

Ce jour-là, le grand Molière quitte son domicile de la rue de Richelieu pour se rendre à une répétition du *Malade imaginaire.* Escorté de son fidèle Baron, acteur, régisseur et homme à tout faire, il se fraye un chemin au milieu de la circulation dense qui encombre cette rue très fréquentée, elle relie le Nord de Paris au Palais Royal et au Louvre.

Le grand auteur est alors au sommet de sa gloire. Comblé d'honneurs par le roi qui lui octroie une « cassette » somptueuse, il vit pleinement ce confort seigneurial. Entouré de gens de maison, il s'habille à la dernière mode et un de ses contemporains dit de lui : « *C'était l'homme du monde qui se faisait le plus servir, il fallait l'habiller comme un grand seigneur et il n'aurait pas arrangé lui-même les plis de sa cravate.* » Belle revanche sur la vie misérable qu'il connut à ses débuts, tout en conservant cependant une tête froide et lucide. La preuve, un mendiant en se dressant devant lui sur le pavé, manque de le faire trébucher. Comme Baron saisit l'importun par le bras pour le faire dégager, le « patron » s'interpose :

– Laisse ! puis fouillant dans une des poches de son gilet et il en sort une pièce qu'il glisse dans la main tendue du misérable.

– Tiens, mon brave.

L'homme se confond en remerciements et dégage le passage.
– Merci, Monseigneur, que Dieu vous garde !

Molière poursuit alors son chemin, la progression étant rendue difficile par les pavés glissants, les trottoirs n'étaient pas encore à la mode. Soudain, des cris et une cavalcade derrière eux font se retourner les deux hommes.

C'est le mendiant tout essoufflé qui les rattrape.

– Monseigneur ! Monseigneur !

– Que veux-tu encore ? s'avance Baron à sa rencontre.

Alors l'homme brandit la pièce qu'il a reçue l'instant d'avant, en direction de Molière.

– Un écu, Monseigneur, c'est un écu que vous m'avez donné !

– Eh bien oui, c'est un écu…

– Mais c'est un écu d'or… en or…

Souriant de plus belle, Molière replonge ses doigts dans son gousset et en ressort une nouvelle pièce.

– Mais oui mon ami, et pour ta peine, en voilà un autre…

Laissant là le miséreux muet de stupeur, le grand « patron » reprend son chemin et dans un rire laisse tomber :

– Où la vertu va-t-elle se nicher !

N.B. : J'ai lu un jour une thèse intéressante sur la grande sollicitude que Louis XIV témoignait à Molière, avec lequel il avait d'ailleurs tenté de collaborer sans grand succès. L'auteur de la thèse avançait que, le roi, ayant compris la portée hautement critique pour la postérité des caractères mis en scène par Molière : les précieuses ridicules, Agnès, la candeur naïve, Arnolphe, le barbon dépité, Don Juan, le séducteur impie, Alceste, le misanthrope atrabilaire, Harpagon, l'avarice sordide, Tartuffe, l'hypocrite pervers, Monsieur Jourdain, le bourgeois ridicule… redoutait que l'auteur n'ait un jour l'idée de mettre en scène « l'homme qui se croit l'envoyé de Dieu »… D'où un modus vivendi entre un génie du théâtre et un homme qui, finalement, malgré tous ces fastes déployés en son honneur… allait à la selle comme tout le monde.

Le dernier jour de Molière

Ce 17 février-là, comble de l'ironie, Molière, dont les poumons sont rongés par la phtisie (la tuberculose), s'apprête à aller jouer pour la quatrième fois son *Malade imaginaire*. Tandis que sa femme, Armande, et quelques serviteurs s'affairent à l'habiller, une quinte de toux immobilise les assistants. On éponge le sang qui empourpre ses lèvres.

– Ah ! qu'un homme a de souffrance avant de mourir…

Armande le réconforte comme elle peut.

– Allons donc, ne dis pas de sottises.

– Je sens bien que je finis.

Baron, son fidèle compagnon de route qui est depuis toujours à ses côtés, tente d'intervenir pour le dissuader de sortir.

– Il fait un froid de canard et, par ce temps, les chalants seront heureux de rester céans…

– Michel a raison, surenchérit Armande. Rien ne t'oblige à…

– Comment ça, rien ne m'oblige, coupe Molière, indigné, et les cinquante pauvres diables qui n'ont que le prix de leur journée pour vivre, que feront-ils si l'on ne joue pas ? Je me reprocherai d'avoir négligé de leur donner du pain un seul jour, le pouvant faire encore…

– Soit, soit, ne t'échauffe pas la bile, cela va encore te faire tousser.

– Que l'on aille leur dire que vu ma grande fatigue, on lèvera le rideau à 4 heures précises, sinon je n'y puis plus rien assurer et l'on devra rendre la recette…

Tout est prêt comme le patron l'a demandé, et à seize heures précises, la pièce commence par un prologue extravagant à la gloire…

« Du plus auguste des rois…
Et tous ces demi-dieux que vante l'histoire passée
Ne sont point à notre pensée
Ce que Louis est à nos yeux »

Le prologue se termine par « *Louis est le plus grand des rois, heureux, heureux qui peut lui consacrer la vie.* » (sic)

Quelques minutes après, Molière travesti en Argan, malade imaginaire, agite sa sonnette.

– Drelin, drelin, drelin. Ils sont tous sourds ! Toinette !… Voilà qui est pitoyable ! Drelin, drelin, drelin. Ah ! Mon Dieu ! Ils me laisseront ici mourir…

Phrase prémonitoire… La suite est archiconnue. Lors de la cérémonie burlesque où Argan est fait médecin par ses pairs, alors que le docteur en chef dit dans son jargon : *Jure de ne jamais te servir de remèdes autres que ceux de la docte faculté, le malade dût-il en crever et mourir de son mal*, Molière, disant *Juro*, a une convulsion qu'il cache derrière son mouchoir, faisant semblant de rire… Obligé de s'asseoir, la pièce se termine alors que l'on danse autour de lui. Transporté dans son hôtel de la rue de Richelieu, il y meurt quelque 45 minutes plus tard entre les mains et les prières de deux sœurs de la Charité qu'il avait recueillies chez lui.

Ainsi s'éteignit le grand Molière, homme de génie, dont Sacha Guitry a dit : *Molière, c'est l'homme qui fait des pièces comme un jardin produit des fleurs, c'est l'homme qui joue ses propres œuvres, qui compose une troupe, qui fait des tournées, qui fait des farces quand ça lui chante, des chefs-d'œuvre quand cela lui plaît… et qui meurt, un soir, sur la scène en jouant la comédie… Le rêve.*

Monsieur Guitry savait de quoi il parlait.

Où Molière devint La Fontaine

Au cimetière du Père-Lachaise, à Paris, on s'arrête devant une double tombe «*Molière, La Fontaine*». Ultime séjour de deux beaux esprits du Grand Siècle, amis de surcroît, lesquels au jugement dernier… aurons une sacrée surprise, si j'en crois ce que j'ai lu… Jugez vous-même.

On sait que Molière étant comédien (et auteur du *Tartuffe*!), le curé de Saint-Eustache, sa paroisse, refusa de le laisser enterrer en terre sainte. Condamné à être enfoui comme un chien, Armande, sa veuve, et le curé d'Auteuil, un vieil ami, allèrent se jeter aux pieds de Louis XIV pour le supplier d'intervenir. Ayant reçu une lettre aussi impérative que secrète du roi, ledit curé consentit à faire accompagner le cercueil de Molière, revêtu des draps des tapissiers, directement de son domicile au cimetière Saint-Joseph, sans passer par l'église.

De nuit donc, escorté par deux prêtres et une meute d'enfants de chœur, Molière fut enterré entre la rue du Croissant et la rue… Saint-Joseph, seul rappel de ce séjour des morts parisiens.

Placé sous une pierre tombale, sans aucune inscription, Armande et quelques intimes viendront, à l'occasion des fêtes ou des anniversaires, se recueillir sur la sépulture anonyme de celui qui fut inscrit ainsi sur le registre des morts de Saint-Eustache: «Jean-Baptiste POQUELIN, tapissier».

Et le temps passe. (Il ne sait faire que ça, l'imbécile.)

La Révolution de 89 bouleverse l'ordre établi par l'élite, pour établir un nouvel ordre par... les droits de l'Homme. La basilique Sainte-Geneviève, toute neuve, est transformée en Panthéon. Voltaire, Rousseau, Mirabeau y sont transférés en grande pompe et le comité révolutionnaire dresse une liste des grands hommes auxquels la patrie ferait bien d'être reconnaissante. Molière et La Fontaine font partie du lot.

– Alors ! Qu'on exhume leurs restes !

– Oui, mais où sont-ils ?

– Bonne question ! Voilà en fait 117 ans que Molière est mort et La Fontaine, 94.

L'enquête menée par des amateurs apporte la conclusion suivante.

– Molière a été enterré dans l'angle du cimetière Saint-Joseph et La Fontaine au pied de la croix.

On trouve donc des restes humains aux deux endroits précités, et ils sont mis dans des cercueils avec leurs noms dessus. C'est-à-dire, les ossements d'un inconnu avec Molière et ceux de Molière avec La Fontaine. En attendant leur transfert au Panthéon, les deux bières sont entreposées à la chapelle Saint-Joseph à l'entrée du cimetière, puis, lors de la démolition de celle-ci, au Musée des Monuments Français où la galopade de l'histoire va les oublier.

Législative, Convention, Terreur, Directoire, Consulat, Empire, Restauration, Cent Jours, re-Restauration...

– Il y a toujours ces deux cercueils avec Molière et La Fontaine, qu'est-ce qu'on en fait ?

C'est le 6 mars 1817 que, sur l'ordre de Louis XVIII, revenu sur le trône, les deux grands libres-penseurs reçoivent l'absoute et les prières de la Sainte Église Romaine en l'église de Saint-Germain-des-Prés. Ensuite, leurs restes sont inhumés au Père-Lachaise où ils se trouvent toujours. CQFD.

Lorsque le coq chantera, au jour du Jugement dernier, et que tous les morts ressusciteront, tête de Molière sortant du tombeau de La Fontaine en voyant un inconnu surgir du sien, tandis que le fabuliste (qui avait été enterré au cimetière des Saints-Innocents) sera à la recherche de ses os, dispersés et entassés comme ceux de milliers de Parisiens dans les catacombes !

Oui, ce jour-là, quel micmac… macabre !

Cartouche à... tout

– Holà ! l'ami, tout beau, vous jeter en Seine de cette façon me semble déraisonnable, l'eau est trop froide à mon gré pour tenter de vous secourir plus avant.

Retenu d'une main ferme sur le parapet du Pont-Neuf, le désespéré n'a d'autre solution que de redescendre parmi les témoins de son geste fatal.

Pressé de s'expliquer, l'homme, conduit par son sauveur dans un cabaret tout proche, justifie sa détresse.

– Négociant ruiné, je ne possède pas le premier sol des 7000 livres que je dois payer avant demain soir, aussi je préfère la mort au déshonneur et à la prison.

Le sauveteur, un jeune gaillard dans les 25 ans, se met à rire, provoquant la surprise des curieux qui leur ont emboîté le pas.

– Tu m'as l'air d'un bon bougre, l'ami, et je vais faire quelque chose pour toi. Prie tes bailleurs de venir avec leur quittance demain soir sur les 6 heures en la taverne Saint-Nicolas, près Notre-Dame, je me charge de payer tes dettes.

Étonnement général, commentaires, on s'interroge et, comme l'homme règle les consommations, pressé de partir...

– Quel est ton nom, qui es-tu ?

Nouveau rire insolent de l'interpellé, qui marque un temps sur le pas de la porte.

– Si je vous dis Louis Bourguignon, fils de tonnelier du faubourg Saint-Antoine, cela ne vous apprendra pas grand-chose, maintenant, si je vous donne mon surnom, vous en aurez peut-être quelque connaissance.

– Alors, ce surnom ?

Pointant son doigt en direction du négociant, le jeune homme réitère sa promesse.

– N'oublie pas, demain, 6 heures, taverne Saint-Nicolas…

Puis saluant d'un feutre large l'assemblée en plein suspense…

– Cartouche, pour vous servir, Messieurs !

Cartouche ! Le nom éclate comme une bombe dans la taverne. Cartouche, le brigand bien-aimé qui brave tous les argousins de la maréchaussée ; Cartouche, le justicier qui détrousse les riches au profit des pauvres et qui nargue, depuis des mois, les autorités grâce à la complicité du petit peuple, c'est lui ! Et tous de regarder le désespéré avec une certaine considération.

– Tu peux remercier deux fois le Ciel, l'ami, pour aujourd'hui et pour demain. Maintenant, Messieurs, pour l'accomplissement de ce miracle, nous allons vous demander à tous de jurer le secret sur ce que nous savons jusqu'à demain minuit.

À l'époque, sous Louis XV, le fait de jurer sur l'honneur était une chose sacrée. Preuve en est que, le lendemain soir, sur le coup de 18 heures, tous les créanciers sont au rendez-vous. L'auberge Saint-Nicolas faisait lors l'angle de la rue de la Colombe et de la rue des Ursins, dans l'ile de la Cité, sillonnée de ruelles sombres et mal famées.

Les cloches de Notre-Dame n'ont pas terminé de sonner l'angélus que Cartouche, superbe, fait irruption dans la place, encadré de deux acolytes.

– Messieurs, le bon soir vous va ! Chose promise, chose due.

Après avoir échangé les créances signées par le négociant contre des espèces sonnantes et trébuchantes, Cartouche commande une tournée générale.

– Maintenant que te voilà libéré de tes dettes, jetons au feu ces papiers maudits et, à la lueur de leur souvenir, buvons à la santé des braves gens réunis ici.

Les libations à peine terminées, Cartouche s'évanouit dans la nature, comme il est apparu, fidèle à sa légende... L'assemblée se sépare, tout le monde heureux et satisfait.

Las ! Les créanciers n'avaient pas fait cent mètres, dans les dédales des ruelles avoisinantes, que des « récupérateurs » de la bande à Cartouche les délestaient de l'argent reçu sous la fameuse contrainte.

– La bourse ou la vie !

Plainte fut bien entendue déposée, mais les dettes ayant toutes été réglées devant témoin, cet exploit fut versé, si j'ose dire, au « crédit » de Cartouche. Lequel, quelques années plus tard, finit par être arrêté par la police.

Traduit en justice et accusé non seulement de vol mais également de plusieurs meurtres, Louis Bourguignon, dit Cartouche, fut condamné à être « rompu » en place de grève. Peine horrible qui consistait à attacher le patient sur une roue de charrette et à lui briser les quatre membres à coups de barre de fer. On hissait alors la roue au sommet d'un tronc d'arbre, d'où le supplicié attendait la mort face au Ciel afin d'obtenir son pardon.

L'histoire ne dit pas si le négociant, que Cartouche avait sauvé de la noyade et rendu à la vie, était parmi la foule des Parisiens venus assister au pitoyable spectacle.

Louis Bourguignon, fils brigand d'un tonnelier du faubourg Saint-Antoine, fut pleuré des Parisiens, il n'avait que 28 ans.

Maurice Leblanc, l'inventeur d'Arsène Lupin, connaissait-il cette anecdote ?

180 MARIAGES D'UN COUP POUR LE NOUVEAU MONDE

– Dis donc touai, tu s'rais ben ma fumelle, crédié !

– Qui qui t'fait croire ça ?

– T'as pas l'air d'un' catin comme c'ticelles.

On peut très bien imaginer un dialogue apocryphe semblable entre un des 180 hommes et une des 180 femmes qui, un jour de septembre 1719, eurent quelques minutes pour se choisir un partenaire parmi les individus réunis là pour ça.

Cette scène extravagante eu lieu en effet dans la cour de la prison pour femmes du dépôt Saint-Martin à Paris, quatre ans après la mort de Louis XIV.

Depuis quelques années, les autorités pénitentiaires avaient reçu des consignes dans ce but : sélectionner parmi les délinquants, hommes et femmes détenus en prison, 360 individus jeunes, en bonne santé, capables de fonder un foyer. Si la « sélection » des 180 mâles avait lieu parmi les voleurs, recéleurs, tire-laine et marauds de toute provenance, les femmes étaient essentiellement des « catins » parisiennes. La police des mœurs avait eu en effet ordre d'arrêter, de jour comme de nuit, les filles *« trouvées après 8 heures au soir hors des rues qui leur étaient réservées »*, (la rue du « Poil au c… » devenue rue du Pélican était l'une d'elles), celles qui « *racolaient par la fenêtre, qui suivraient ou arrêteraient les passants, sortiraient presqu'en état de nudité, feraient montre d'indécence par leur posture* » et puis, pour être certain de n'oublier personne, les filles « *qui occasionneraient du tumulte* », seraient trouvées en « *état d'ivresse, fréquenteraient les théâtres et les promenades publiques, occasionneraient du tumulte ou des rassemblements* », enfin, circonstances sujettes aux plus grandes injustices, les filles « *coupables de plaintes "justifiées" de la part des matrones les employant…* »

C'est dire si, vu les conditions de vie à l'époque, il a dû se trouver nombre de pauvres filles dénoncées et jetées en prison pour un de ces délits mentionnés par la prévôté parisienne. Résultat : ce jour-là, 180 jeunes femmes, baluchon à la main, sont rassemblées dans la cour de la prison Saint-Martin avec la consigne ferme de choisir un époux parmi les hommes qui allaient faire leur entrée dans les lieux, chaînes aux pieds.

– Vous allez avoir cinq minutes pour trouver votre futur mari, alors choisissez bien. Il vous suffit de dire « oui » à celui qui vous plaira, après quoi vous serez menées en sa compagnie dans l'église Saint-Nicolas-des-Champs où vous sera donné le sacrement de mariage collectif. Et maintenant, faites entrer les prisonniers. Femmes, voici vos maris…

Imaginez la scène incroyable qui s'ensuivit. 180 repris de justice face à face avec 180 dames spécialement sorties de prison pour choisir obligatoirement parmi eux un mari. Il est vrai qu'à l'époque, même dans la noblesse ou la bourgeoisie, les filles étaient destinées à un époux choisi par le père. Molière et Labiche nous ont familiarisés avec ces mœurs pas si lointaines après tout.

Mais là, en cinq minutes :

– Tu veux d'moi ?

– Heu…

– Alors toi ?

– Non, celle-là, elle m'a dit oui avant toi, pas vrai ?

– Heu…

Quelle terrible situation, surtout pour les nunuches à qui on dut « coller » de force les horribles, les mal foutus, les dégénérés, le restant quoi, la lie !

– Terminé ? En rangs par quatre, direction l'église Saint-Nicolas, et on ferme sa goule…

Escortés par la troupe en arme, se donnant la main, 180 couples furent lors enfermés dans l'église que l'on peut voir toujours au n°254 de la rue Saint-Martin.

Après la cérémonie religieuse du mariage, chaque couple fut enchaîné par les chevilles avant de prendre, à pied, la direction de La Rochelle.

Là, les mariés prirent place sur un bateau, destination La Nouvelle-Orléans que la Compagnie des Indes et le banquier Law venaient de faire construire sur les bords du Mississipi.

Libérés dès leur arrivée, on leur octroya des logements gratuits.

L'histoire ne mentionne pas la suite de leurs aventures, mais à La Nouvelle-Orléans aujourd'hui, on visite le « vieux carré » occupé autrefois par *« de braves Français volontaires, venus avec leurs épouses pour peupler le nouveau monde »*. Il est bon de se rappeler que si l'on y joue aussi du jazz, c'est grâce à des esclaves noirs importés d'Afrique, eux aussi , au fond d'une câle avec des chaînes aux pieds.

VOLTAIRE ROSSÉ, VEXÉ ET RANCUNIER

Ce jour-là dans la loge d'Adrienne Lecouvreur, actrice célèbre, Voltaire se « prend de bec » avec le chevalier de Rohan-Chabot, âgé de 31 ans. Le jeune auteur, prisé de la bourgeoisie libérale lasse des excès de la haute noblesse et du haut clergé, assassine d'un trait d'esprit son contradicteur. Quelques jours plus tard, alors qu'il soupe chez le duc de Sully en son hôtel rue Saint-Antoine, un valet vient lui dire qu'on le demande d'urgence de la porte.

– Il y va de votre sécurité, m'a-t-on dit.

Sans méfiance, Voltaire se rend devant l'hôtel et reçoit une volée de coups de bâton assénés par trois individus tapis dans l'ombre. Tandis qu'il subit la bastonnade, il a le temps de repérer, de l'autre côté de la rue, l'initiateur de l'agression, le chevalier de Rohan qui se tient les côtes de rire.

Éreinté et froissé dans son orgueil, Voltaire prend, dès qu'il le peut, des cours d'escrime et, six semaines plus tard, provoque en duel le chevalier coupable de cet ignoble guet-apens. À son grand dam, au lieu de la réparation qu'il espère, le jeune philosophe reçoit une lettre de cachet qui l'envoie prisonnier à la Bastille. On ne s'attaque pas impunément aux grands ! L'injustice est à son comble, jamais Voltaire n'oubliera cette humiliation hautement injuste.

Ayant réussi, par ses relations, à transformer son emprisonnement en exil, Voltaire va commencer une vie de « clandestin » qui, d'Angleterre en Suisse ou en province, va le soustraire aux foudres des « grands du régime ».

Car, à partir de là, le philosophe va attaquer par des romans, des œuvres théâtrales, des pamphlets, des proses célèbres, ce régime source d'abus et d'injustices.

Trois cibles feront l'objet de sa vindicte : la royauté, la religion, source de fanatisme, et la métaphysique, source des malheurs de l'homme, déçu de ne pas comprendre une création qui le dépasse.

Toute sa vie, ce touche-à-tout de génie va distiller par l'ironie et la dérision, le ferment révolutionnaire qui aboutira, quelques années plus tard, à l'abolition du privilège qui l'empêcha un jour de se venger d'une bastonnade cuisante sur un trottoir de la rue Saint-Antoine à Paris.

La Concorde : place fatale

Il existe des lieux maudits à Paris et la place de la Concorde pourrait bien figurer parmi ceux-ci pour les derniers rois de France en général, et Louis XVI en particulier.

Quand Louis XV, alors aux armées, tombe gravement malade à Metz, toute la France prie pour celui que l'on surnomme « le Bien-Aimé ».

Il a 34 ans, il est beau comme un p'tit Jésus et, grâce à ses ministres des Finances, les impôts ne semblent pas accablants, les récoltes sont bonnes, bref : « *Faites mon Dieu que Louis, notre roi bien-aimé, guérisse.* »

Et il guérit. Pour célébrer son retour dans sa bonne ville de Paris, les échevins lui offrent le projet d'une statue équestre. Alléluia ! Le seul problème : où la mettre ?

À l'extrémité du jardin des Tuileries se trouve une sorte de terrain marécageux qui décline jusqu'à la Seine. C'est là que Ange-Jacques Gabriel est chargé de créer la « place Louis XV » où trônera la statue. Le temps de remblayer, bâtir les hôtels de Crillon, de la Marine, d'amorcer la rue Royale, il va s'écouler quinze ans et, comme le dit si joliment Pierre Larousse, « *entre-temps, le trône est tombé dans la boue.* »

L'abandon du Canada, des Indes et, surtout, les débauches du «Bien-Aimé» en ont fait l'incarnation du vice. Si bien que, le lendemain de l'inauguration de la place, une grande pancarte a été accrochée dans la nuit au cou du cheval sur lequel Louis caracole, tandis que les statues des quatre vertus posent à ses pieds. «*Ô la belle statue, ô le beau piédestal, à pied sont les vertus, le vice est à cheval.*» Et le Tout-Paris, rigolard, va défiler avant que les autorités ne décrochent le libelle. La «place du Vice» est inaugurée.

Sept ans plus tard, au même endroit, on s'apprête à fêter le mariage du Dauphin, petit-fils de Louis XV et futur Louis XVI, avec Marie-Antoinette d'Autriche. Pour l'occasion, on a construit des gradins en bois sur les fossés de quatre mètres qui entourent la place. (On peut deviner encore le contour des fossés grâce aux balustrades de pierre qui préservaient les piétons des chutes dans ces bas-fonds.)

Le jour venu, le bon peuple de Paris s'entasse sur les gradins pour assister au spectacle: carrousel (prononcez «Zel»), défilé de troupes et, pour finir, feux d'artifice géants.

Tout se passe le mieux du monde. Les spectateurs applaudissent aux exploits des cavaliers, et «zwiin-pan», la première fusée éclate dans le ciel.

– Oh! fait la foule

Près du roi, les petits mariés sourient, les yeux au ciel. La candeur de leurs seize ans leur va si bien.

– Zwiin-pan! Oh la belle bleue! Zwiin…

Mais que se passe-t-il? Une fusée «foireuse» n'éclate pas en l'air et retombe, comble de malchance, sur celles entassées pour le bouquet final. Explosion de toutes parts dans les gradins, incendie. Une foule hurlante se replie de partout, des gens tombent, les gradins s'écroulent, panique générale… C'est l'horreur totale. Le roi et la cour, impuissants devant ce drame, sont évacués de toute urgence.

Bilan terrible: 133 morts, sans compter les blessés par ces bois brisés devenus des broches redoutables, et les chutes de quatre mètres dans les fossés.

Un deuil national ne suffit pas à faire oublier cette tragédie qui mêlait les noms de Louis et Marie-Antoinette à celui de ce débauché de Louis XV.

Or, c'est précisément 23 ans plus tard que Louis XVI sera guillotiné en ce même endroit, précédant de deux ans l'exécution de Marie-Antoinette.

Et, ironie du sort ou jeu du destin, les corps des deux infortunés souverains, qui payèrent de leurs vies les erreurs de beaucoup d'autres, seront inhumés, tête entre les jambes, au cimetière de la Madeleine, là où avaient été enterrées, 23 ans auparavant, les 133 victimes de la fête donnée pour leur mariage.

Quand on voit, le 14 juillet, les troupes défiler place de la Concorde et passer le pont du même nom (construit avec les pierres de la Bastille), ayons une pensée pour ces petits mariés de 16 ans, dont le feu d'artifice vit 135 victimes, dont eux, sur une place devenue à cette occasion un des lieux maudits de Paris, pendant des années.

LE GÂCHIS PARMENTIER

Ce jour-là, le roi Louis XVI du nom, alors âgé de 33 ans, débarque dans la plaine des Sablons à l'ouest de Paris. Il est accompagné par l'élite de la Cour dont un certain Parmentier, apothicaire, Major auprès des armées.

Voici quelques années, l'homme, alors prisonnier en Allemagne, a goûté et apprécié un légume étonnant importé des Amériques. Ce tubercule, nouvellement introduit du Hanovre, faisait le régal des paysans. De retour en France, dans son laboratoire des Invalides, l'apothicaire fut vite convaincu des vertus nutritives de cette solanacée. Néanmoins, une vieille survivance des coutumes romaines qui jugeaient inconsommable tout ce qui poussait en sous-sol, faisait planer un doute fatal sur la plante. Cette « pomme » de terre ne fut acceptée dans les jardins qu'au même titre que les dahlias, c'est-à-dire pour ses fleurs.

En 1785 sévit une grave disette consécutive à une saison d'été désastreuse et Louis XVI, poussé par les sages qui l'entouraient, dut prendre des mesures pour trouver des produits de remplacement du blé en cas de pénurie.

Parmentier fut convaincant et voilà pourquoi, ce jour-là, Louis XVI arrive dans la plaine des Sablons, située aujourd'hui autour de la porte Champerret.

Des arpents entiers ont été plantés de pommes de terre, dont les feuillages en pleine floraison ondulent sous la caresse du vent. Ostensiblement, le roi cueille une grappe de fleurs blanches qu'il accroche au revers de sa redingote.

– Voici donc cette merveille qui va renouveler les plaisirs de la table ?

– C'est bien cela, Sire.

– J'ai donné ordre que l'on m'en servît un plat chaque soir au souper.

Devant un tel enthousiasme royal, les courtisans ne peuvent qu'opiner de la perruque tandis que les plus fayots applaudissent du bout des gants.

Comme la Cour reflue vers les carrosses, Louis XVI s'enquiert de l'opportunité des sentinelles en armes disposées tout autour du champ :

– Est-ce là une obligation, vu que le but recherché est d'en assurer la plus large diffusion ?

– Sire, répond Parmentier en baissant le ton, les consignes données sont de préserver du pillage sans défavoriser la maraude. Le Français n'aime tant que profiter du larcin s'il se fait au détriment des plus favorisés, l'esprit frondeur, Sire.

Louis XVI était plein de bon sens et assuma toute la subtilité de l'opération. Dans les nuits qui suivirent, bon nombre de sentinelles se retrouvèrent à discuter et boire autour d'un bon feu de garnison, laissant dans l'ombre les maraudeurs défouir et voler le précieux tubercule.

La suite est dans nos assiettes, en frites, soufflées, en purée, en robe des champs, en ragoût, en paille ou en gratin. Et il est permis de se demander ce qui pourrait bien accompagner notre bifteck si un certain Parmentier était mort dans son enfance, empoisonné par des champignons.

Surcouf le magnifique

– Au sabre ! Oui, Monsieur, et dites à ces pignoufs d'Autrichiens que je défie non pas les seuls officiers qui sont présents, mais tous les gradés du régiment présents à Saint-Malo !

– Cela risque de faire nombre !

– Tous, dis-je, et je n'ai qu'une parole, foi de Malouin.

On peut imaginer, derrière un dialogue du genre, la tête des officiers autrichiens auxquels Surcouf venait de lancer ce défi extravagant.

Nous sommes en 1815, après la chute de l'Empire, la France connait l'occupation ennemie. Saint-Malo, dont l'annexion du port intéresse au plus haut point les Anglais, subit la botte prussienne, ce qui, pour Surcouf, est insupportable. D'où sa querelle avec quelques officiers et son défi qui surprend, étonne, puis interpelle les Autrichiens.

– Quoi ? Au sabre ? L'ensemble des officiers ?

– Tout Surcouf qu'il est, cet homme est ou un fou ou un présomptueux, à moins qu'il n'ait choisi cette forme de suicide, arme à la main. Sait-il, au moins, que le sabre reste une spécialité autrichienne ?

L'interprète eut beau traduire les propos modérateurs des interpellés, rien ne put altérer la détermination du corsaire.

– Messieurs, demain à l'aube, je suis votre homme !

Et le lendemain, dans un coin retiré, près des remparts, ce furent seize officiers qui se présentèrent. Seize fines lames autrichiennes, sabreurs d'élite rompus au maniement classique appris et répété selon les règles strictes et traditionnelles du combat au sabre. C'est ce qui allait les perdre. Entre le combat classique et la fougue débridée des combats corps à corps des « abordages », Surcouf, âgé de 42 ans, tua ou blessa ses quinze premiers adversaires sans avoir à peine le temps d'essuyer son sabre du sang qui le maculait.

– Au suivant ! lança-t-il, pointant son arme en direction du seizième officier qui, devant un tel courage, vacillait déjà sur ses jambes. Surcouf baissa son arme.

– Non, toi je te fais grâce, afin que tu puisses témoigner que ces duels ont bien été exécutés dans les règles de l'honneur et sans aucun artifice.

Cet exploit accompli, Surcouf crut bon, tout de même, de s'exiler quelque temps. Le temps que l'occupant se retire de la cité malouine…

Quelques années plus tard, couvert de gloire et riche, la paix ayant été faite avec les Anglais, le corsaire se retrouve à un souper en présence d'anciens officiers britanniques de la Home-Fleet ayant autrefois combattu contre lui. Au cours de la conversation, l'un des marins de Sa Gracieuse Majesté voulant venger ses concitoyens, si durement secoués naguère par les victoires du célèbre corsaire, lui « balance » :

– Mais enfin, Monsieur Surcouf, il faut bien admettre que vous vous battiez pour l'argent, tandis que nous, nous nous battions pour l'honneur !

Sans se démonter le moins du monde, l'homme aux cent victoires dues à son génie, à sa ruse et à son courage sans limites répondit :

– Je l'admets volontiers, Monsieur l'amiral, on se bat toujours pour acquérir ce qu'on n'a pas. (Il faut en effet ne pas confondre corsaire et pirate : le corsaire Surcouf fut payé par le roi, la République, puis l'Empereur pour arraisonner les navires marchands ennemis.)

Homme d'esprit et marin de légende, ce Breton malouin autant que malin mourut, comblé de gloire et d'argent, dans son lit, près de Saint-Malo. Il avait 53 ans.

Un mardi gras… le glas !

« *La levée du corps aura lieu ce mardi prochain, à 18 heures précises, en son hôtel place Louis XV, à Paris.* »

Cet avis funèbre, placardé en maints endroits de Paris, fit en ce début février 1873 l'effet d'une « bombe glacée en pleine poire ». Non seulement l'homme dont on annonçait le décès était un gastronome réputé, mais la date de son enterrement tombait un jour sacré pour tous les amateurs de bonne chère : un MARDI GRAS.

Jamais tel événement n'était aussi mal venu. Il faut imaginer qu'à cette époque, le Mardi gras était une date unique dans l'année. Une date fêtée par tous avec passion puisqu'elle permettait de faire, une dernière fois, honneur à la table avant le Carême. Le Carême, redouté par tout un peuple, 40 jours de jeûne et d'abstinence avant Pâques. 40 jours pendant lesquels la viande, le beurre, la crème, le vin, le sucre, le miel étaient strictement interdits. 40 jours, de régime, aux poissons, aux œufs, au pain sec et à l'eau. Alors, vous pensez si le mardi précédant le mercredi des Cendres, dans toutes les couches de la société, on en profitait jusqu'à minuit pour manger et boire ! Le mot « carnaval » qui se fête à cette période, ne veut-il pas dire : avant le « sans carna », sans viande ? Or, cette année-là, comble de malheur, celui qui régalait depuis des lustres le Tout-Paris avec ses soupers fins, était enterré un Mardi gras, et à 18 heures, au moment où toutes les cuisines de France déborderaient de senteurs prometteuses.

– Au diable Grimod, qu'il rôtisse en enfer, lui et ses funérailles !

C'est en ces termes, peu reconnaissants, que bon nombre des familiers de l'hôtel de Grimod accueillirent la triste nouvelle.

Grimod de La Reynière, homme d'esprit et gastronome réputé, était né avec un handicap énorme, il était dépourvu de doigts. Malgré cette « contrariété » et grâce à la fortune familiale (un valet le faisant manger… et la suite…), il s'était fait une solide réputation jusqu'à sa mort… à l'âge de 25 ans.

Ce Mardi gras donc, sur le coup de 18 heures, une petite douzaine d'amis seulement se retrouvent place Louis XV dans la cour de l'hôtel, où git le corps de l'infortuné gastronome. Un catafalque est dressé devant les marches du perron où Grimod avait l'habitude d'accueillir ses invités. Des tentures noires, perlées de larmes argentées, drapent les fenêtres du bâtiment, et un orchestre invisible diffuse une musique de triste circonstance. Le temps s'écoule, on attend visiblement l'arrivée des membres du clergé chargés de la cérémonie religieuse. Car, même si Grimod avait des idées avant-gardistes pour l'époque, il ne saurait être question d'enterrement civil. Les minutes s'écoulent. Certains commencent sûrement à penser, comme Alphonse Allais, sous le soleil, à l'enterrement d'une connaissance : « *Là, je commence vraiment à le regretter* », lorsqu'un valet tout vêtu de noir et violet surgit sur les marches. Son air grave et sa mine sombre attirent toutes les attentions.

– Enfin il va se passer quelque chose !

– Gentils Seigneurs et Gentes Dames…

Un temps, le valet semble attendre quelque chose… Puis, sur un signe de sa main, toutes les tentures noires chutent en même temps, le perron de l'hôtel retrouve son aspect habituel, la porte s'ouvre et Grimod paraît, vêtu de la plus élégante façon, sourire aux lèvres, stupeur, confusion.

– Qu'est-ce que c'est ?

De sa main articulée gantée, le jeune homme rassure l'assistance

– N'ayez nulle crainte, c'est bien moi. Pardon pour cette mystification, mes amis, mais votre présence ici, ce soir, m'apporte la preuve que vous êtes bien les seuls dignes de partager ma table…

Précisément, un laquais à la française apparaît près de l'hôte et s'incline.

– Monsieur est servi.

– Allons mes amis… plutôt que trépasser, passons à table…

Inutile de préciser que ce fut, rapporte la chronique, le plus somptueux et le plus délicat des repas jamais servis dans cette capitale du goût qu'est Paris.

Grimod poursuivit une belle carrière. Il inventa la presse gastronomique et propagea le bon goût français en Europe au cours de nombreux voyages. Son *Almanach des gourmands* restera célèbre. Mort en 1838, à l'âge de 80 ans, il aura vu, sur la place au bord de laquelle était son hôtel (aujourd'hui l'ambassade des États-Unis), la statue équestre de Louis XV, la statue de la Liberté en couleur et après, des projets qui n'eurent pas le temps d'être réalisés, en 1836 l'obélisque qui s'y trouve encore.

C'est lui qui dit un jour à propos de la superstition des « 13 à table » :

– Le nombre 13 n'est à craindre à table que s'il n'y a à manger que pour 12.

L'HÉRÉDITÉ, C'EST QUOI ?

C'est l'un des pères de l'évolution de la pensée française. Il fait partie de la poignée d'hommes qui ont rendu inéluctable la grande Révolution, mère des droits de l'Homme.

Et pourtant, ça démarre mal pour lui.

Son père, commissaire général d'artillerie, le chevalier Destouches, surnommé « Canon », ne semble même pas connaître son existence.

Quant à sa mère, chanoinesse défroquée, elle se livre à la débauche avec le célèbre Régent et le cardinal Dubois, entre autres, et a d'autres chats à fouetter que de s'embarrasser d'un marmot.

Résultat : à l'aube du 16 novembre 1717, le nouveau-né se retrouve, dans une couverture, sur les marches de Saint-Jean-Le-Rond, une chapelle accrochée au flan nord de Notre-Dame de Paris.

La brave femme d'un serrurier du quartier, Madame Rousseau, passe par là, entend des pleurs, prend l'enfant, le rapporte à la maison où son mari accepte de l'élever avec leurs autres mioches. (Procédé beaucoup plus simple à l'époque qu'aujourd'hui.)

Remarquant très tôt un esprit aussi vif que sa curiosité est grande, le p'tit Jeannot est mis en pension pour faire des études dès son plus jeune âge. À partir de là, ses progrès dans la connaissance vont le pousser à gagner tous les diplômes, si bien qu'à 23 ans il entre à l'Académie des Sciences.

Devenu célèbre pour ses idées philosophiques, il s'associe à Diderot pour créer ce « *monument scientifique qui fut une machine de guerre, au service des libres-penseurs voulant modifier la société...* » (*Larousse*) : L'ENCYCLOPÉDIE, dont il rédigera l'avant-propos.

Et c'est là que sa mère biologique, Madame de Tencin, revendique sa maternité.

– Ce génie, c'est mon fils !

– Erreur, répond l'intéressé. Je suis le fils de Monsieur et Madame Rousseau qui m'ont élevé et à qui je dois d'être ce que je suis.

Membre de l'Académie française à 37 ans, il en devient le secrétaire perpétuel à 55. Resté simple et désintéressé, il refuse à Frédéric II de Prusse (dit « Le Grand ») de présider l'Académie de Sciences de Berlin et à Catherine II (« La Grande ») de Russie d'être le précepteur de sa fille.

Très lié avec Mademoiselle de Lespinasse, il anime son salon littéraire, faisant de l'ombre au salon tenu par Madame de Tencin qu'il évite de rencontrer malgré toutes les tentatives de cette dernière pour récupérer un peu du génie qu'elle lui a sans doute transmis dans ses gènes.

Pour être sûr de ne jamais oublier ses origines, celui qui mourra ayant posé les bases de la connaissance humaine, et du droit de la respecter, Jean, avait associé à son prénom le nom de l'église où il fut abandonné : Jean Le Rond.

Car son nom, vous l'avez compris, c'est d'Alembert, Jean Le Rond d'Alembert, né sur les marches d'une chapelle accolée à Notre-Dame, le jour où la brave femme d'un simple serrurier vitrier le prit dans ses bras pour l'emmener dans sa modeste demeure et d'où il s'élèvera grâce à ses dons exceptionnels.

Or, il est permis de se poser la question : resté dans le milieu aisé de sa mère, le jeune homme aurait-il cédé à la facilité que la vie lui offrait au départ ? Quelle part ses gènes ont joué sur son comportement dans l'un des milieux les plus simples et foncièrement honnêtes ?

Dans *l'Encyclopédie Diderot–d'Alembert*, que lit-on au mot « hérédité » ?

La Bastille ?
UN TRAGIQUE QUIPROQUO

Un geste, un simple geste, mal interprété, peut changer le cours de l'histoire. C'est ce qui s'est passé le 14 juillet 1789 devant la Bastille.

Il est aux environs de midi et de gros nuages, poussés par un fort vent d'ouest, obscurcissent le ciel parisien. Une foule houleuse et grondante se presse devant le pont-levis qui interdit l'accès de l'antique forteresse obsolète.

– La troupe avec nous, ouvrez les portes ! hurlent les plus excités s'adressant aux soldats massés au sommet des tours

– Le pont-levis à bas, laissez-nous entrer… reprend en chœur cette foule rendue nerveuse depuis quelques jours par les rumeurs : « Des troupes étrangères marchent sur Paris, à la demande de l'Autrichienne », « Le pain va manquer, réquisitionné pour les soldats », « Necker a été mis en prison sur ordre du roi ».

Des témoins racontent que, la semaine passée, un prisonnier de la Bastille, se servant d'un entonnoir comme porte-voix, a appelé au secours derrière les barreaux d'une des fenêtres : « Citoyens, on égorge vos frères, on nous assassine, à moi… » Ce furent ses dernières paroles. (En fait, l'auteur de cet esclandre, qui n'était autre que le marquis de Sade, n'avait pas été tué mais transféré chez les fous, à Charenton.)

Des renforts arrivés des Invalides avec des fusils, prennent place dans les premiers rangs.

– Baissez le pont-levis, la troupe avec nous !

Un petit groupe de volontaires réussit à grimper sur le chemin de ronde, puis gagne le toit du corps de garde, dont les soldats ont été repliés dans la forteresse. Ils descendent dans la cour, au pied même de la Bastille, sans que les gardes qui suivent leur progression du haut des tours n'interviennent.

Les voyant s'attaquer aux chaînes qui tiennent le pont-levis levé, les soldats des tours qui les observent ôtent leur chapeau et, l'agitant d'avant en arrière, leur font signe.

– Ouais ! crie la foule, regardez, la troupe est avec nous, ils nous font signe d'entrer...

– À nous la Bastille !

Aussi, quand le tablier du pont-levis s'abat avec fracas, tuant un homme imprudemment resté trop en avant, la foule se rue dans la cour en hurlant. Là-haut, sur les tours, les hommes de la garnison agitent plus que jamais leur coiffure... Et c'est le drame. Les cris de joie du peuple l'empêchent d'entendre les cris d'avertissement des soldats.

– N'entrez pas, on va tirer...

Mais entre le geste avec le chapeau – Entrez ! – et celui – Allez-vous en ! –, il n'y a aucune différence sinon celle de prendre ses désirs pour des réalités. Car de Launay, le vieux gouverneur en fin de carrière, dépassé par la situation insurrectionnelle devant laquelle il se retrouve seul, n'écoutant que sa conscience, a donné les ordres.

– Prêts à tirer...

Alors, en ce moment crucial d'un événement qui fait qu'aujourd'hui le 14 juillet est devenu la fête nationale la plus respectée dans le monde de la liberté et des droits de l'Homme, quelles sont les forces en présence ?

D'un côté, retranchés dans l'antique forteresse, dont la destruction a été décidée et non programmée (à son emplacement, on doit faire la place Louis XVI et même une statue du roi a été prévue en son centre : « Louis XVI sur les vestiges de la féodalité abolie »), le gouverneur de Launay a sous ses ordres 80 hommes, dits « invalides », qui sont des soldats de métier réformés, et 30 Suisses, soldats de métier d'origine étrangère.

Une cinquantaine de ces hommes sont massés au sommet des tours où se trouve leur chef, le reste est réparti aux meurtrières et devant le deuxième pont-levis dans la cour principale. Ces hommes de guerre, rompus à la discipline des armées, répugnent pour la plupart à tirer sur des civils, mais « les ordres sont les ordres… »

De l'autre côté, les assaillants qui se ruent dans la cour principale sous les tours sont en majorité des ouvriers du faubourg Saint-Antoine. Sur la liste officielle qui fut établie des « vainqueurs de la Bastille » en 1790, on note : 51 menuisiers, 45 ébénistes, 28 commissionnaires, 27 sculpteurs, 23 gaziers (gaze et mousseline), 14 marchands de vin, 5 horlogers, 3 abbés et 5 bourgeois… La plupart n'ont que des piques, des sabres, des broches de rôtisseurs ou des couteaux pour armes, laissant devant les hommes qui sont allés chercher des fusils, le matin, en l'Hôtel des Invalides…

Quelques instants s'écoulent avec la foule hurlant sa joie dans la cour et, 25 mètres au-dessus, les soldats qui pointent leurs armes.

– Ouvrez le feu ! crie de Launay.

Les coups partent.

Dans une cohue indescriptible, piétinant les blessés et les morts, les 300 assaillants se replient en toute hâte hors de l'enceinte.

Dans la foule, c'est la stupeur totale.

– Ils nous ont fait signe de rentrer pour mieux nous tirer dessus.

– À mort les traîtres !

Tandis qu'on agite des chiffons blancs pour aller récupérer les blessés et les morts, une délégation du Comité de l'Hôtel de Ville arrive, avec en tête des députés qui brandissent leur insigne.

– Au nom de la Ville, nous vous sommons…

Une nouvelle salve tirée des tours les contraint à rebrousser chemin.

Le reste des événements a fait l'objet de récits contradictoires dont on peut retirer ceci : après qu'une nouvelle délégation, avec tambour et drapeau militaire, ait dû faire demi-tour sous un tir d'intimidation, on sait qu'il y eut une autre tentative d'assaut repoussée par de nouvelles salves nourries, occasionnant de nouveaux morts et blessés.

Sur le coup de cinq heures, un canon ayant été pointé en direction du pont-levis, de Launay fait passer un billet aux assaillants : « *Ou je fais sauter le quartier en allumant mes 200 quintaux de poudre, ou j'ouvre les portes à condition qu'il ne soit fait aucun mal ni à mes soldats ni à moi-même.* » Après avoir lu à voix haute les conditions du gouverneur, le lieutenant Jacob-Job Elie, en uniforme blanc du Régiment de la reine, qui a pris le commandement des opérations, se tourne vers les assiégés et leur crie :

– Foi d'officier, nous acceptons, il ne vous sera fait aucun mal.

Entre les gens d'armes, la parole est sacrée, le petit pont-levis s'abaisse. Elie et les quelques responsables qui l'entourent pénètrent les premiers dans l'édifice et se saisissent du gouverneur.

– La Bastille est à nous !

La foule se répand dans la forteresse à la recherche des fusils qu'elle ne trouve pas, et pour cause ! Il n'y a pas plus d'armes que de prisonniers politiques dans les lieux. Seuls 2 fous, 4 faussaires et 1 inceste y sont incarcérés…

Tandis qu'on désarme les soldats et que, sous la responsabilité de trois hommes désignés par Elie, on dirige de Launay vers l'Hôtel de Ville, la foule en délire se partage le vin du gouverneur. Sur le coup de 5 heures et demi, lorsque Restif, écrivain de l'époque, arrive sur les lieux, tout est fini : « *Les forcenés jetaient les papiers, des papiers précieux pour l'histoire, du haut des tours dans les fossés, un génie destructeur planait au-dessus de la ville.* »

En fait, le « génie destructeur » a un nom : le citoyen Palloy, qui ayant proposé ses services pour démolir la Bastille quelques semaines auparavant, revient à la charge dès le lendemain.

– Je suis l'un des principaux vainqueurs et je revendique l'insigne honneur de démolir cet odieux édifice, antre du despotisme !

La charge lui en est confiée et, dès le 16, des blocs entiers de pierres tombent dans les douves sous les acclamations de la foule.

Et c'est là que le 14 juillet va entrer dans l'histoire comme une date charnière : pour la première fois, le peuple a pris en main sa destinée en se montrant plus fort que les soldats du roi. Attirés aux pieds des tours par les traîtres qui leur faisaient signe – « Entrez, entrez ! » –, ils y avaient été impitoyablement massacrés. Bilan, une trentaine de morts pour les uns, une centaine pour les autres. En retour, de Launay avait été lynché sur la route de l'Hôtel de Ville et sa tête, piquée en haut d'une épée, avait fait le tour de Paris. Mais plus que tout, la Bastille, symbole de la féodalité et du pouvoir royal séculaire, tombait en poussière sous les coups de centaines de volontaires, exaltés par les discours patriotiques de Palloy se proclamant « *héros de la destruction du bastion de la tyrannie* ».

Victor Hugo, avec son génie du raccourci historique, ne s'y est pas trompé en écrivant : « *Athènes a conçu l'Acropole, mais Paris a démoli la Bastille.* »

Et tout ça sur la mauvaise interprétation d'un geste… Chapeau !

Au soir du 14 juillet, sur son agenda, Louis XVI écrira ce mot, symbole de la profonde inconscience dans laquelle il vivait : « RIEN ». Rechapeau !

LA TOUR SAINT-JACQUES SAUVÉE PAR LES CHASSEURS

Dans le fourmillement de la rue de Rivoli, entre l'Hôtel de Ville et le Châtelet, la tour Saint-Jacques apparaît, flamboyante dans sa robe gothique, incongrue dans cet environnement commercial Second Empire.

Rescapée de la « grande pioche » révolutionnaire, elle doit sa survie à une catégorie humaine de tout poil, les chasseurs parisiens.

La tour Saint-Jacques était en fait le clocher de l'église Saint-Jacques-la-Boucherie, laquelle, comme son nom l'indiquait, avait été choisie, embellie et entretenue par les bouchers de Paris qui n'étaient pas dans la misère. C'est dire si elle resplendissait d'ornements de toutes sortes.

De plus, un grand bourgeois, Nicolas Flamel, et sa riche épouse Dame Pernelle, dont Saint-Jacques était la paroisse, en furent, à l'époque de Jeanne d'Arc et Charles VII, de grands bienfaiteurs. Nicolas Flamel, dont la fortune venait des scribes qu'il mettait à la disposition des « escoliers » et des érudits (et non pas de la transmutation du plomb en or), fit percer à ses frais et bâtir un portail latéral au tympan duquel on le voyait avec son épouse présentés à la Sainte Vierge par saint Jacques et saint Jean-Baptiste.

Lorsque la Révolution de 1789 survint, la République réquisitionna tous les biens du clergé et bon nombre d'églises furent vendues à des particuliers qui s'empressèrent de les démolir pour en récupérer les pierres.

Saint-Jacques-de-la-Boucherie ne fit pas exception à cette mode dévastatrice. Fermée au culte dès 1790, après avoir accueilli le Comité révolutionnaire du quartier des Lombards pendant quelques années, elle fut vendue en 1797 et démolie aussitôt. C'est alors qu'un certain Dubois se manifesta pour occuper le clocher, et seulement lui, à des fins commerciales.

Après avoir descendu, pour les fondre, les douze cloches qu'il contenait, celui-ci fut loué par le nouveau propriétaire à un fabricant de plomb de chasse.

Fondu au sommet de la tour, le plomb, déversé dans des cribles de différents calibres, s'arrondissait en tombant de ses 58 mètres pour atterrir dans des cuves d'eau. Opération lucrative aussi simple que l'invention… du fil à plomb.

Il faudra attendre Louis-Philippe en 1836 pour qu'Arago la fasse racheter aux héritiers Dubois par la Ville de Paris afin que la tour Saint-Jacques se sente enfin en sécurité.

Restaurée sous Napoléon III et débarrassée des cabanes qui encombraient sa base, la tour Saint-Jacques est aujourd'hui au service de la Météorologie nationale, une façon honnête de gargouiller toujours en l'honneur de Saturne qui donna aux hommes, en dehors des coliques (saturnisme), son « Âge d'Or ».

LA SAINTE FRUSTRÉE DE LA MÈRE PATRIE

Et pourtant, elle fut la première Européenne qui consacra sa vie à soulager celle de ses semblables. Son père, Sévère, était romain, sa mère, Gérontia, était grecque. Ils géraient près de Nanterre un grand domaine agricole à une époque où la main-d'œuvre se payait avec un croûton de pain. Élevée dans la religion chrétienne, alors en pleine majesté, sa piété interpelle un ami de ses parents, l'évêque Germain l'Auxerrois, qui, dès son âge pubère, la consacre à Jésus.

Ayant pris le voile, mais restée laïque, elle se voue aux pauvres gens que Lutèce, décrétée capitale des Gaules par Clovis, attire à l'abri de ses murs.

Devenue une sorte de Mère Teresa, avec l'aide de la reine Clotilde, elle multiplie ses bienfaits et son « odeur de sainteté » exalte bien des miracles. Devenue une légende vivante, on lui colle sur l'auréole des dons multiples, dont celui d'éloigner les ennemis, que ce soit les Huns ou les autres… Son nom vient du germain « jeune femme » : Geneviève, sainte Geneviève.

Après une vie exemplaire, la sainte femme rend sa belle âme à Dieu, à l'âge, incroyable pour l'époque, de 92 ans (?). Élue sainte patronne de Paris des années plus tard, ses restes sont rassemblés dans une châsse en or, signée Éloi, le saint orfèvre du roi Trébogad (pardon, Dagobert).

Sortie en grande hâte de son église lors des fléaux naissants de toutes sortes : inondations, peste, invasions, incendies et autres joyeusetés, ses saintes reliques vont protéger, peu ou prou, Paris jusqu'à la Révolution de 89. Là, des « furieux » brisent et démantèlent sa châsse, brûlent « les vieilles nippes » qu'elle renfermait et les jettent dans la Seine.

C'était bien mal récompenser celle qui, pendant trois cents ans, avait distillé l'espoir à des générations de Parisiens. Pire, si pendant des siècles la capitale ne lui avait consacré qu'une petite église, indigne de sa sainte patronne, le jeune roi Louis XV, le Bien-Aimé, alors malade « à la guerre », avait fait un vœu : « Si je suis guéri, je ferai construire sur la montagne parisienne qui porte son nom, une grande église à sainte Geneviève. » Guéri, il donne des fonds pour la réalisation de son engagement.

Las, des problèmes de terrassement – les mêmes que rencontreront les bâtisseurs du Sacré-Cœur sur la butte, des galeries creusées au cour des siècles par les potiers pour recueillir l'argile, comme à Montmartre le plâtre – plus des soucis d'argent et la mort de l'architecte, Soufflot, font que la basilique commandée par Louis XV est tout juste terminée lorsque la prise de la Bastille déclenche le tsunami de la Révolution des droits de l'Homme laïque.

En avril 1791, avec la mort de Mirabeau, l'Assemblée constituante décide de réquisitionner l'édifice, flambant neuf, pour en faire le lieu de repos des « Grands Hommes ».

Pour effectuer cette transformation, on mure les portails et les baies latérales, on enlève la croix faîtière que l'on remplace par la statue d'une renommée trompettiste – de 8 mètres de haut –, on martèle le fronton où trônait sainte Geneviève pour lui substituer la Patrie couronnant la vertu, et l'on inscrit au-dessous la fameuse phrase « *Aux grands hommes la patrie reconnaissante* ».

Mirabeau entre au Panthéon en fanfare, suivi de Voltaire, puis de Lepeletier de Saint-Fargeau. Après l'assassinat de Marat, on vire Mirabeau pour le remplacer par le « vertueux » baigneur en sabot, lequel sera viré à son tour après le 9 Thermidor… Et puis, le ressac de la Terreur ramène le Panthéon dans l'ombre du Consulat. Napoléon, succédant à Bonaparte, soucieux de se concilier la Sainte Église, rend à la patronne de Paris ce qui appartenait à sainte Geneviève. En fait, le temps des transformations (nouveau fronton, nouvelle croix faîtière, remise en place du mobilier ecclésial) fait que c'est le frère de Louis XVI, Louis XVIII, remonté sur un trône rafistolé, qui réalise le vœu de son aïeul Louis XV en inaugurant la nouvelle église Sainte-Geneviève. Au fronton, on peut lire en latin : « *À sainte Geneviève, selon les vœux de Louis XV, réalisé par Louis XVIII…* »

Pour la circonstance, Voltaire et Rousseau ont été mis à la porte, sous le péristyle, endroit qui échappe à la consécration de l'archevêque de Paris.

Ouf ! Huit ans se passent dans les offices, les prières et les offrandes qui encensent la mémoire de sainte Geneviève, lorsque – bing ! – 1830 : les Trois Glorieuses détrônent Charles X, lequel, remplacé par un Louis-Philippe opportuniste, s'empresse de reconfisquer l'église Sainte-Geneviève pour la rendre au culte populaire des grands noms de la laïcité.

On remplace la croix par un drapeau tricolore, on vire le mobilier ecclésial pour faire rentrer Voltaire et Rousseau au chaud, on change le fronton où la Mère Patrie distribue des lauriers à Mirabeau, Voltaire, Rousseau, David, La Fayette, Bichat entre autres d'un côté, Bonaparte, plus tout un groupe de soldats, dont le grenadier Trompe-La-Mort, de l'autre. (Le fronton de David d'Angers est celui que l'on peut toujours voir aujourd'hui.) Au-dessous du fronton, l'inscription « *Aux grands hommes…* » retrouve sa place.

Voilà donc la pauvre Geneviève encore SDF puisque la vieille église consacrée à la patronne de Paris avait été démolie sous l'Empire pour faire place à la rue Clovis.

On pourrait croire que là s'arrêtent les vicissitudes « génovines ». Du tout. Quatre jours après son coup d'État du 2 décembre 1851, le prince président, devenu Napoléon III, décide de rendre le Panthéon à sainte Geneviève en en faisant une basilique nationale, c'est-à-dire une super église.

Et c'est reparti pour un tour. On laisse le fronton, on met une croix en bois à la place du drapeau, les grands hommes sont remisés en quatrième vitesse à la périphérie ou dans les sous-sols et, le 3 janvier 52, la consécration a lieu à grands coups d'encensoir et de goupillon.

Sainte Geneviève retrouve son culte et va s'installer confortablement pendant trente-trois ans. Il y a bien cette péripétie de 71 où les Communards scient les deux branches de la croix pour clouer, sur le mât qui reste, leur drapeau rouge...

Mais tout rentre très vite dans l'ordre et, même, la République rétablie voit le président Mac-Mahon saluer une nouvelle croix faîtière en pierre – 4 mètres et 1 500 kilos – deux ans plus tard.

Et nous arrivons en 85, le 22 mai. Le plus célèbre des Français, exemple de sagesse et d'honnêteté intellectuelle, Victor Hugo, rend son âme républicaine au dieu laïque, vierge de toute compromission religieuse.

«Je refuse les oraisons de toutes les églises, je demande une prière à toutes les âmes, je crois en Dieu.»

Forte de ces dernières volontés, la gauche, qui détient la majorité, s'empresse de réquisitionner la basilique Sainte-Geneviève pour en refaire le Panthéon, seul lieu digne de recevoir un si grand homme.

En huit jours, date limite pour laisser la dépouille sans sépulture, on redéménage le mobilier, on réécrit au fronton «*Aux grands hommes...*». Mais on n'a pas le temps d'enlever la croix.

Résultat de cette situation ubuesque: reposent aujourd'hui, sous le signe des chrétiens, de farouches laïcs comme Jaurès, Voltaire ou Zola... Lesquels, en aucun cas, n'auraient accepté un symbole religieux quelconque sur leur tombeau.

Et voilà comment, de nos jours, sainte Geneviève, à part une petite place à l'ombre de la basilique qui fut construite à sa mémoire, ne possède à Paris qu'une statue phallique sur le pont de la Tournelle, d'où elle regarde couler la Seine vers l'océan de l'ingratitude humaine avec la bénédiction de la Mère Patrie et l'indifférence des Grands Hommes auxquels la France assure sa reconnaissance… C'est écrit dessus.

Cette bonne Demoiselle Savalette

1815, l'Aigle vaincu vogue vers Sainte-Hélène, le « père de Gand », Louis XVIII, « replacardisé » depuis cent jours, est venu se réinstaller sur le trône des rois de France. Les fleurs de lys ont remplacé les abeilles. Les solliciteurs, les quémandeurs, les requérants, les demandeurs et les opportunistes de tout acabit se pressent aux marches de la royauté.

Parmi cette foule revancharde, une femme dans la trentaine se présente. Son attitude humble et la pondération de ses propos « interpellent » l'attention des différents « filtres » avant Sa Majesté.

– Mon père, au service de feu notre bon roi Louis XVI, lui a prêté plus de 7 millions d'écus qui ont permis à ses frères le comte d'Artois et notre bon roi Louis, alors comte de Provence, de se réfugier à l'étranger.

– Et votre nom ?

– Lange, Savalette de Lange, nous avons tout perdu, hélas, titres et quittances, dans le tumulte des événements. Mon pauvre père est mort voici deux ans dans une extrême précarité et si je ne me trouvais moi-même, aujourd'hui, dans une situation proche de l'indigence, croyez bien que je serais demeurée dans l'ombre salutaire de l'anonymat.

Mis au courant, Louis XVIII se souvenait bien du comte de Lange, il savait que celui-ci avait « fait commerce » avec son frère aîné… Mais la somme était d'importance.

– Sept millions d'écus ! Diantre, elle n'y va pas avec le dos de la cuillère.

Bon prince, le roi reçoit la demoiselle de Lange qui se jette à « ses pieds ».

– Croyez, Sire, que seule une situation désespérée me contraint de venir solliciter un dû, dont seule la parole de mon père demeure la garantie de notre bonne foi.

Les Capet sont finalement de bons bougres. L'argent dont ils disposent ne leur coûte rien d'autre qu'un bon vouloir ou un refus poli. Louis XVIII, ému par l'attitude résignée de la fille de Lange, lui alloue une rente, la gérance d'un bureau de poste, plus un appartement à disposition dans le château de Versailles.

– Merci, Sire.

– Mais non.

– Mais si, Sire, merci, du haut des cieux, mon père aussi vous bénit, oui, oui, merci. (Propos apocryphes !)

Cette reconnaissance royale va propulser cette bonne demoiselle de Lange dans la « bonne société royaliste » qui, après la mort de Louis XVIII, la fuite de Charles X et la venue de Louis-Philippe, roi des Français, a repris du poil monarchique.

Même le retour de la République, puis l'avènement du Second Empire ne vont pas retirer les privilèges de cette brave demoiselle, si pieuse, si dévouée auprès des indigents, si rendant service. À Versailles, tout le monde connaît la silhouette filiforme de Mademoiselle de Lange allant et venant, de bonnes œuvres en charité, avec un dévouement digne d'une sainte femme, qu'elle est, sans aucun doute.

Aussi, lorsqu'on la trouve morte, un matin, dans sa solitude, des bonnes dames charitables viennent mettre un peu d'ordre dans son appartement. C'est sans surprise donc que l'on trouve une cassette remplie d'or, juste retour de la fortune prêtée par papa de Lange aux rois vagabonds, on trouve aussi le dessus de lit de Louis XIV en guipure de soie, cadeau sans doute d'un des rois susnommés. En revanche, ce qui va sidérer tous le monde et reléguer cette bonne demoiselle au rang des mystificateurs et des escrocs du haut rang : en faisant sa toilette mortuaire, ces dames découvrent avec stupéfaction que Savalette possède un attribut mâle incompatible avec la fille du financier des rois… Savalette de Lange était un homme !

ZOÉ LA DERNIÈRE FAVORITE

« Tous les rois de France, c'est une tradition, ont des catins... »

Cette réflexion, attribuée à Catherine de Médicis, qui n'eut pourtant que les cornes de Diane de Poitiers à supporter, est d'une cruelle vérité.

Mis à part les mignons d'Henri III et les « camarades » de Louis XIII, chaque souverain eut sa ou ses favorites, hormis sans doute Louis XVI dont les « aiguillettes » ne se « dénouèrent » qu'avec le secours de la chirurgie, à la veille de la Révolution.

La dernière favorite, digne de ce titre, est une certaine Zoé Victoire, comtesse du Kayla, pour laquelle le frère de Louis XVI, Louis XVIII, qui régna tant bien que mal une fesse sur le trône, l'autre sur la pression des ultras, eut un coupable penchant.

Le petit-fils de Louis XV approche alors la septantaine et l'on affirme que ses relations avec la belle Zoé, veuve de vingt-six ans, sont tout ce qu'il y a de plus platonique. Il est vrai qu'on imagine mal le vieux roi, perclus de goutte et de rhumatisme, quitter son fauteuil pour faire des galipettes sur le canapé. On raconte aussi que ladite Zoé aurait remis à Louis XVIII des papiers prouvant sa compromission dans l'affaire Favras, histoire fumeuse des débuts de la Révolution, où des royalistes avaient projeté de se débarrasser de Louis XVI au profit de son frère cadet.

Quoi qu'il en soit, Zoé pénètre quand elle veut dans le palais des Tuileries, toutes les portes s'ouvrent sous ses pas et, si les salutations obséquieuses que lui adressent les familiers des lieux sont teintées d'ironie, la belle feint de ne rien voir. Elle passe de longues heures à bavarder ou faire la lecture à son admirateur qui lui écrit chaque jour des billets d'une puérilité déconcertante, lesquels, violés par des yeux indiscrets, font la risée du Tout-Paris.

La comtesse Zoé aurait tort de se plaindre, les bontés du souverain ne restent pas qu'épistolaires. Ne vient-il pas de lui faire cadeau du château de Saint-Ouen, entouré d'un magnifique parc à l'anglaise ?

Le 3 mai, une grande fête a lieu pour la prise de possession des lieux et, après un somptueux repas, le roi fait découvrir un immense cadre doré accroché au mur du salon. Applaudissements admiratifs, Louis XVIII y figure en majesté, peint par le baron Gérard.

La belle Zoé, dernière favorite des rois de France, assistera Louis XVIII jusqu'à sa mort l'année suivante et se consolera très vite avec un riche notaire au nom prédestiné, Monsieur Le Roy.

Moins dérangeante, voire tapageuse, que les Pompadour, les du Barry, les Montespan ou autre Agnès Sorel, le nom de la belle Zoé serait sans doute oublié dans les replis coquins de l'histoire de France. Heureusement, un détail piquant retient encore l'attention des historiens grâce à Daniel Defoe (prononcer Defô), auteur illustre de *Robinson Crusoë*, paru quelques années après la mort de Louis XIV et que la favorite a lu, peut-être, à son protecteur.

Un jour que le vieux roi, enchâssé dans son fauteuil, attend la visite de sa favorite, on gratte à la porte de son cabinet.

Tiré de sa somnolence, Louis s'écrie :

– Entrez mon petit, entrez Zoé, venez mon enfant…

La porte s'ouvre et, stupeur, au lieu de la jeune comtesse, c'est le chancelier Dambray qui vient porter au roi un pli des plus urgents. Grognements, confusion, excuses, mauvaise humeur du souverain qui arrache la lettre des mains de l'importun.

L'histoire fit, bien sûr, le tour des Tuileries, puis du Tout-Paris, à la suite de quoi l'infortuné chancelier fut surnommé ROBINSON... Parce que, tout simplement, on L'AVAIT CRU... ZOÉ.

La côtelette du fils Hugo

Victor Hugo était pingre, ce n'est un secret pour personne. Son entourage en souffrait. Il faut dire que c'est lui qui entretenait tout son monde. Charles, son fils aîné, était alors amoureux fou d'une jeune actrice, Alice Ozy, d'une beauté fracassante, qui acceptait ses hommages, séduite par ses «yeux andalous» et la fougue de ses vingt ans.

Ayant conservé un certain standing grâce à la générosité d'un ancien amant banquier, Alice souffrait et réprouvait la médiocrité vestimentaire dont se contentait le fils Hugo. C'est ainsi que son chapeau, à la mode d'alors, dit «tuyau de poêle», la désolait par son aspect pitoyable et râpé. Elle voulait lui en offrir un autre, n'y avait-il pas en face de son immeuble, précisément, un marchand de chapeaux? Mais comment lui en offrir un neuf sans froisser la susceptibilité de son fougueux partenaire?

Un jour qu'elle reçoit chez elle à l'heure du thé, elle met au courant son ami Théophile Gautier arrivé dans les premiers et dont elle fut l'interprète… au théâtre.

– Quand Charles arrivera, sous prétexte de le débarrasser, je déposerai son chapeau sur le canapé et toi, dont la myopie est connue de tout le monde… Crac! Tu t'assois dessus et tu le pries de venir en choisir un autre, avec toi, en face, chez le chapelier.

Amusé par cette roublardise, le brave Théo assiste à l'arrivée des invités puis, à un moment, apercevant le fameux chapeau sur le canapé, il se fraye un passage à travers les hôtes.

– Pardon, excusez-moi !

Et il se laisse choir de tout son poids sur le chapeau. Cris de surprise, Théo se relève, tenant à la main le couvre-chef en accordéon, un des invités se précipite.

– *My God!*

C'est un Anglais qui avait posé là son galurin… Tandis que Gautier, confus, s'excuse, Charles Hugo fait son entrée. Sans doute y eut-il un échange de regard entre les deux complices. Deux chapeaux dans la même soirée, c'était un de trop… Combien de temps le fils Hugo conserva-t-il son « tuyau de poêle » élimé sur la tête ? L'histoire ne le dit pas…

En revanche, on sait qu'ayant honte de porter la même chemise blanche plusieurs jours de suite, un jour, il craque et revendique à son paternel le privilège, vu le nom illustre qu'il porte, d'enfiler chaque matin…

– Une chemise blanche fleurant bon le propre !

Hugo juge d'abord cette revendication comme une « folie furieuse » et puis, devant le dépit affiché de son fils, il finit par céder à une condition :

– Au lieu des deux côtelettes qu'on te sert chaque midi, tu n'en auras qu'une.

Maudissant intérieurement la radinerie de son géniteur, Charles accepte.

Alice apprécia à sa juste valeur ce changement vestimentaire, cependant, comme elle constata très vite une certaine nervosité dans le comportement de son amant, elle finit par lui faire avouer le prix « affamant » du troc alimentaire auquel il avait consenti. Et de vilipender la pingrerie du père.

– Qui va jusqu'à ramasser les restes des assiettes, qu'il appelle ses « petits gribouillis » pour rogner si bien les os des côtelettes qu'il n'en reste à peine deux centimètres quand il a fini…

À quelque temps de là, le hasard fait que, dans un dîner mondain, le père Hugo se trouve placé à côté de la belle Alice. Il a alors la quarantaine passée et le fait que l'actrice soit la maîtresse affichée de son fils ne l'embarrasse en aucune manière. Il lui a d'ailleurs, voici quelques mois, écrit un quatrain des plus explicites :

Platon disait, à l'heure où le couchant pâlit
« Dieu du ciel, montrez-moi Vénus sortant de l'onde ! »
Moi, je dis, le cœur plein d'une ardeur si profonde
« Madame, montrez-moi Vénus entrant au lit ! »

Alice Ozy lui répondit modestement, et expressément, qu'elle n'avait aucune prétention de rivaliser avec Vénus.

Et voilà que ce soir-là, le Faune-poète retrouve toute sa verve amoureuse et entreprend sous la table un jeu de pied, de genou, disons de jambe, qui ne laisse aucun doute à sa voisine sur les mâles intentions du grand homme.

Comme Alice, bien éduquée, ne crie pas au scandale, au bout d'un moment, Hugo au comble de l'excitation, se penche à son oreille et d'une voix mourante d'émotion lui susurre :

– Demandez-moi tout ce que vous voudrez, c'est accordé d'avance…

Un temps, Alice amorce son plus beau sourire, plante ses yeux superbes dans ceux de son voisin et dit :

– Rendez-lui sa côtelette.

C'est Alice Ozy qui a elle-même raconté l'anecdote, sans préciser toutefois, lorsque la côtelette réintégra l'assiette de Charles… si elle paya sa dette… Quand on aime, on ne compte pas ! Victor n'en était pas à « çà » près, elle non plus.

George et son gamin Alfred

– Mais voyons, Alfrédine, ce n'est pas l'entrée, ça… La tarte aux fraises, c'est le dessert !

Riant malgré elle, George Sand s'excuse auprès de son invité.

– Pardonnez cette digression, cher ami, mais la p'tite bonne est arrivée d'hier. D'où venez-vous déjà, Alfrédine ?

La jeune bonne en bonnet de dentelles marque un tel « STOP » que la tarte qu'elle remportait en cuisine manque de tomber par terre.

– J'sis d'Caudebec en Caux M'dame, j'on arrive tout drét…

– Ah ben oui, ça se voit !

Tout à sa conversation, on ne peut plus sérieuse, le rédacteur de *La Revue des deux mondes* ne remarque pas le rire contenu qui agite l'auteur de *Lélia* qu'il est venu interviewer pendant le souper.

En fait, Alfrédine c'est Musset, Alfred de Musset qui a revêtu les vêtements de la vraie petite bonne pour faire une bonne farce à la femme qu'il aime « comme un enfant », selon sa propre expression. Depuis quelques mois, les deux amants vivent chez George, quai Malaquais, face à la Seine, et les chants succèdent aux fous rires provoqués par ce « gamin d'Alfred ».

Semblant être accaparée par le verbiage du pompeux visiteur, George guette du coin de l'œil le retour d'Alfrédine qui approche la soupière du convive.

– Attention ! Vous trempez votre jeannette (croix au bout d'un collier) dans le potage…

– Pardon, M'dame, c'est qu'j'ons d'la myopie, réplique l'interpellée en secouant la croix qui éclabousse l'honorable rédacteur.

Contenant son rire à grand-peine, George va devoir subir tout au long du dîner les facéties de son amant : prétextant ne pas avoir trouvé un couteau pour découper le poulet, Alfrédine propose une hache…

– Ché tout c'que j'ons trouvé !

Le comble, c'est le moment où, voulant passer le cruchon d'eau au journaliste, Alfrédine bute sur la chaise, expédiant une gerbe aquatique sur le crâne chauve de l'invité.

– Oh ! quelle maladroite, glousse George dans sa serviette.

– Oh ! pardon Mâsieur… s'empresse la pseudo-bonne en épongeant l'hôte avec son torchon.

– Mais laissez-moi, ma fille…

– Vot cravétte zé tout' mouillas, j'vas la chécher…

Et de s'asseoir sur les genoux du malheureux, tandis que George, secouée de soubresauts sonores, s'enfouit la tête dans sa serviette.

– Excusez…

Et d'exploser d'un rire paralysant.

Comprenant qu'il s'agit en fait d'un canular, le visiteur, vexé, va quitter les lieux précipitamment sous les rires ravageurs de son hôtesse, poursuivi jusqu'à la porte par Alfrédine qui l'époussette avec un plumeau.

Ce délire amoureux va durer jusqu'au fameux séjour à Venise où George Sand tombe malade. Soignée par le beau Dr Pagello, tandis que « son gamin d'Alfred » multiplie les débauches de toutes sortes, la romancière se confie, puis se console avec le ténébreux docteur.

De retour à Paris, les amants terribles vont alterner « amour et haine » pendant quelques années encore et puis un soir, à une générale, dans le hall du théâtre, alors qu'Alfred cherche encore à croiser son regard à distance, George glisse sur lui sans sourciller, comme s'il s'agissait d'un banal inconnu.

En rentrant chez lui, Musset sait que cette fois c'est bien fini, alors il prend sa plume et écrit :

« *L'amour passe comme toutes les passions humaines…*

Et comme les hommes, eux-mêmes »

Lui « passera » à 47 ans. Elle lui survivra 19 ans. Aujourd'hui, lequel des deux est le plus… passé ?

LA PLUS BELLE DES « BELLES »

– Demain, à sept heures, vous quitterez ces lieux vêtu de mon manteau.

– Mais c'est une folie !

– Mon chapeau « cabriolet » a été choisi plus large afin qu'il vous encadre bien le visage.

– Mais tous ces soldats, ces gardes, les geôliers ?

– Point de réticence, mon ami ; si vous mourez, je meurs aussi. Alors !

– Mais vous, en vous découvrant…

Mettant ses jolis doigts sur les lèvres de son époux, Émilie de Lavalette le contraint à ne plus rien objecter.

– Tout est prévu, je viendrai avec notre petite Joséphine et Madame Dutuit pour faire encore plus vraisemblable. La voiture sera au bas des marches à vous attendre. Tout a été minutieusement préparé, vous pouvez vous fier à moi.

Vaincu, Antoine de Lavalette ne dit plus rien. Il dévore des yeux cette femme qui va tout risquer pour lui sauver la vie. Car, dans deux jours, la guillotine doit lui faire passer son attachement à l'Empereur, auquel il devait tout. N'était-il pas directeur des Postes ? Révoqué à la chute de Napoléon, il avait trouvé tout naturel de reprendre son bureau aux Cent Jours pour, de nouveau, le quitter après Waterloo. Comme il pensait n'avoir commis là aucun délit majeur, il avait espéré, attendu même, un procès clément ou tout au moins équitable.

Las, les ultra-royalistes le condamnèrent à la peine de mort: «Pour avoir coopéré à l'attentat de l'usurpateur et tendu la main aux traîtres de Paris à Fontainebleau.»

Son épouse Émilie s'était alors dépensée sans compter auprès de leurs connaissances pour faire fléchir cette sentence injuste. En vain. Elle avait même réussi à être introduite auprès du roi Louis XVIII qui s'était esquivé.

– Madame, je prends part à votre juste douleur, mais j'ai des devoirs qui me sont imposés, auxquels je ne puis différer.

Alors, jour après jour, Émilie, refusant d'accepter un sort aussi funeste, en est arrivée à ce plan, audacieux certes mais «à la grâce de Dieu»!

Le lendemain, sur le coup de cinq heures, Madame de Lavalette, en compagnie de sa fille et de sa dame de compagnie, arrive à la prison dans son grand manteau garni de fourrure. Elle est coiffée d'un chapeau à la mode, dit cabriolet, car il ressemble à la capote amovible en cuir des petites voitures nommées ainsi. Introduite dans la pièce où le prisonnier vit ses dernières heures, on répète les ultimes recommandations

– Dès que je serai parti, n'oubliez pas de vous dissimuler derrière le paravent où je fais mes «commissions», le concierge vient toujours s'assurer de ma présence, vous faites du bruit et cela nous fera gagner de précieuses minutes.

Maintenant, Monsieur de Lavalette est bien décidé à tenter le tout pour le tout; Emilie lui a communiqué son énergie

– Comment vous remercier, ma tendre amie?

– Nous aurons le temps d'y penser; pour le moment, restons accablés, n'oublions pas que nous assistons à une veillée funèbre.

Sur le coup de cinq heures trente, le geôlier apporte le souper du condamné. Devant la détresse qui accable les visiteurs, il se garde de dire quoi que ce soit et repart aussi discrètement que possible. Monsieur de Lavalette a du mal à avaler sa soupe. Et le temps s'écoule, interminable. Lorsque six heures trois quarts sonnent à l'horloge de la conciergerie, Émilie se dresse soudain.

– Allez, c'est le moment, il faut vous habiller.

Sortant une jupe noire de son sac et des escarpins, elle invite son mari à passer derrière le paravent.

– Vous n'oublierez pas de baisser la tête en épongeant vos larmes avec ce mouchoir. Vos gants noirs masqueront vos mains...

À présent, Monsieur de Lavalette est revêtu du grand manteau à parements de fourrure il a coiffé le cabriolet. Émilie s'est assise derrière le paravent. Elle entend la sonnette pour demander qu'on ouvre la porte du cachot.

– Vous partez bien tôt, Madame la Comtesse... dit le concierge qui s'éloigne très vite, conscient de l'incongruité de sa remarque.

Maintenant, c'est le silence, un silence de mort. Son cœur s'est mis à battre la chamade. Elle compte les secondes... Une minute, Antoine est au guichet... Une minute trente, la porte du greffe s'ouvre... Maintenant, c'est l'escalier qu'il descend dans l'entrée... Les gendarmes la saluent toujours. L'air libre, enfin, la rue... Le cabriolet est stationné juste à côté.

Mais voilà la porte du cachot qui s'ouvre, Émilie émet un raclement de gorge et remue l'anse du seau sur lequel elle est assise.

– Pardon, Monsieur le Comte, je reviendrai tout à l'heure.

Ouf! Les verrous se referment, c'est toujours ça de gagné. Une minute plus tard, nouvelle entrée du gardien.

– Monsieur le Comte?

Comme il ne perçoit pas de réponse, il pousse le paravent.

– Ah! Madame, je suis trahi...

Émilie s'est dressée et s'accroche au geôlier.

– Non, Monsieur, encore une minute...

– Alerte! Le prisonnier s'est évadé!

– Pitié, Monsieur...

– Alerte!

Bousculée, Émilie lâche son étreinte. Elle prie pour que le cabriolet soit déjà loin.

– Et maintenant, à la grâce de Dieu.

Et le Destin, guidé par l'intelligence d'une femme qui aimait son mari au point de se livrer à sa place, fut propice.

Caché par des amis dans le grenier d'un ministère parisien, alors qu'on recherchait le fugitif dans tous les ports de France, Lavalette arriva à Londres vingt jours après sa « belle ».

Incarcérée et rudoyée, Émilie de Lavalette, dont le dévouement et le courage firent l'admiration de l'Europe entière, sera libérée sous caution après quelques semaines de détention.

C'est seulement sept ans plus tard, en 1822, que Louis XVIII signera la grâce du condamné.

Après ces longues années de proscription, le comte de Lavalette allait enfin retrouver cette épouse aimante qui se morfondait chez eux, n'ayant pas voulu abandonner ni ses biens ni ses enfants. Il savait, par le courrier qu'il recevait, que la santé d'Émilie était plutôt chancelante.

Las, c'était pire qu'il n'osait penser. Épuisée par les épreuves et les peines qu'elle avait endurées depuis le départ de son cher Antoine, Émilie ne le reconnaîtra même pas… Elle avait perdu la raison.

Les pharaons de la Bastille

« Ici reposent les cinq cent quatre victimes de leur attachement aux libertés républicaines. »

Sur le socle de la Colonne de juillet indûment appelée « colonne de la Bastille », la liste exacte de ces cinq cent quatre tués lors des Trois Glorieuses journées d'insurrection de 1830, n'est pas complète.

Si l'on devait respecter les mots « *Ici reposent* », la liste devrait se terminer par : « *et Namer, Djoser, Mykerinus,* etc. » (par exemple).

Qu'est-ce que ces noms égyptiens ont à voir avec les patriotes qui, à Paris, s'insurgèrent pour bouter dehors Charles X, venant de supprimer la liberté de la presse ?

C'est là que la petite histoire intervient.

28 juillet 1830. Un groupe d'insurgés se masse à l'entrée de la passerelle qui relie l'île de la cité à l'Hôtel de Ville. Depuis la veille, la révolution gronde dans la capitale ; des morts, des blessés sont signalés un peu partout.

– À nous l'Hôtel de Ville !

C'est le mot d'ordre de ces patriotes, sans armes, qui vont s'engager sur la balance (surnom de cette passerelle pour piétons, qui tremble sous les pas des passants).

– La troupe avec nous !

De l'autre côté, les forces de l'ordre du roi, fusil en main, interdisent le passage. À la tête des insurgés, un jeune homme brandit le drapeau tricolore.

Ils n'oseront pas tirer sur leurs frères, en avant !

Emboîtant le pas au porte-drapeau, les plus courageux s'ébranlent.

– Vive la République !

Face à eux, les soldats lèvent leurs armes.

– En joue…

Faisant fi de cette menace, les insurgés, s'estimant protégés par les trois couleurs de la République, poursuivent leur progression.

– Vive la France !

Ils ont atteint la moitié de la passerelle quand l'officier qui commande les gardes baisse son sabre.

– Feu !

À la pétarade se mêlent des cris, des hurlements, les moins atteints font demi-tour. Touché à mort, le porte-drapeau reste sur place. Quelques courageux refluent vers lui. Couvert de sang, il s'adresse d'une voix moribonde à ses camarades.

– Souvenez-vous…

– Oui ?

– Souvenez-vous…

Son regard s'éteint, il est mort.

– Qu'est-ce qu'il a dit ?

– Souvenez-vous, je m'appelle Arcole…

Porté de main en main, le corps du jeune héros va se retrouver, avec toutes les victimes de ces trois journées dites « glorieuses », au pied de la colonne du Louvre. Après identification, les morts sont enterrés les uns contre les autres dans une fosse commune. En consultant la liste, on s'aperçoit qu'aucune des victimes ne porte le nom d'Arcole. Mais le bouche-à-oreille a fait son œuvre. Arcole, le porte-drapeau de la « balance », est devenu un héros et, en 1855, le pont qui va remplacer la passerelle sera baptisé Arcole en son souvenir.

Alors pourquoi cet homme, qui selon toute vraisemblance s'appelait Jean Fournier, a-t-il prononcé ce nom ? S'est-il identifié ou comparé à Bonaparte au pont d'Arcole ? Nul ne le saura, il a emporté son secret dans la fosse commune... Jusqu'en...

Février 1848. Louis-Philippe « la Poire » n'a pas vu arriver la nécessité de changement. L'émeute éclate à Paris, le roi des Français, débordé sur la gauche, prend peur ; la deuxième République est proclamée.

Sur l'emplacement de la Bastille, on décide de construire la colonne de Juillet, pour célébrer les cinq cent quatre morts de ces Trois Glorieuses, dont les corps seront déposés dans le socle du monument.

Pour ce faire, on ouvre la fosse commune à proximité de la colonnade du Louvre, où reposent ces héros depuis dix-huit ans. Les corps décharnés et inidentifiables sont entassés par trois ou quatre dans des caisses-cercueil. Dès qu'on trouve des ossements, on creuse, on exhume, on a peur d'oublier quelqu'un, et c'est comme ça qu'on se trouve, sans le savoir, sur un autre charnier.

Lorsque la mission emmenée par Bonaparte en Égypte revint en France, elle rapporta bon nombre de momies destinées au musée du Louvre. Beaucoup d'entre elles, mal momifiées, ne supportèrent pas le voyage... On creusa, contre le mur de la colonnade, une fosse pour enterrer à la hâte ces pharaons en putréfaction.

Voilà comment, aujourd'hui, des Égyptiens de trois ou quatre mille ans d'âge mêlent leurs restes avec ceux des républicains des Trois Glorieuses, dont un faux Arcole...

Tandis que, cinquante-deux mètres au-dessus de leurs os, le Génie de la Liberté, sans bandelettes, n'en finit pas de s'envoler, les chaînes brisées d'une main, le flambeau de l'autre, semant la lumière à tous les hommes de bonne volonté de la planète... y compris les pharaons.

UNE BELLE ESPIONNE POUR UN EMPEREUR

Un jour, sur le coup de minuit, Napoléon III, qui depuis cinq ans s'est accaparé le destin de la France, quitte le bal donné au Palais Royal chez son oncle le prince Jérôme. Au moment où il descend les marches du perron, une femme s'empresse de les monter. La princesse Mathilde la lui a présentée chez elle, voici quelques jours, et il l'a appréciée pour sa beauté. Comme elle passe, semblant ne pas le voir…

– Vous arrivez au bal bien tard, Madame, dit l'Empereur.

S'arrêtant dans sa montée, la jeune femme amorce une révérence et réplique avec un ravissant accent italien.

– Pardonnez-moi, Sire, n'est-ce pas vous qui partez bien tôt ?

Ce tac au tac insolent, sorti de la plus jolie bouche qui soit, piqua au vif l'Empereur, grand amateur de jupons. Quelques jours plus tard, le hasard, qui fait si bien les choses quand on l'aide, les remit en présence au cours d'une garden-party à Villeneuve l'Étang. Napoléon III, qui n'y allait pas par quatre chemins, invite la belle Italienne à prendre place dans la barque mise à sa disposition sur le lac. Ce fut l'embarquement pour Cythère. Un îlot touffu se trouvait, pure coïncidence, dans l'axe de la croisière ; une végétation luxuriante les dissimulait aux regards de la Cour… Lorsque, trois quarts d'heure plus tard, la jolie croisiériste remit pied à terre, sa mine – et sa mise chiffonnée – ne laissèrent aucun doute : l'Empereur avait fait une nouvelle découverte.

On apprit alors qu'elle avait vingt ans. Mariée au comte de Castiglione, elle s'ennuyait ferme à Turin et venait à Paris pour se divertir.

Ça commençait bien, mais l'Empereur n'était pas homme à s'attacher à une nouvelle conquête et la longue liste de ses maîtresses d'un jour aurait pu décourager la belle Italienne. C'était mal connaître Virginia, comtesse de Castiglione.

Elle « surprit » Louis Napoléon en lui donnant rendez-vous chez elle rue… de Castiglione. Elle le « subjugua » en lui faisant découvrir la perfection de son corps reflété par des miroirs qui garnissaient les murs et le plafond de sa chambre. Elle « l'enchanta » par son intelligence.

– Je rêve d'une Italie réunie sous l'autorité d'un roi…

Cela collait parfaitement avec ses propos d'Empereur : « *Rendre l'Italie libre, des Alpes à l'Adriatique.* »

Alors Virginie Castiglione s'installe dans la vie de l'Empereur. Il la loge dans un hôtel particulier avenue Montaigne où il vient, entre deux batailles civiles ou militaires, goûter le repos du guerrier.

Cette félicité va durer deux ans et puis… et puis, tout finit toujours par se savoir. De confidences dévoilées en allusions voilées, l'Empereur apprit que la Castiglione avait été, à l'origine, envoyée en mission auprès de lui. C'était une espionne dévouée à la cause italienne du roi Victor Emmanuel II, cautionnée par Cavour…

Napoléon III rompit aussitôt toute relation avec la belle Italienne qui repartie en Italie, froissée et blessée dans son orgueil.

À partir de là, Virginie perdit tout sens moral – pour l'époque – et multiplia ses aventures galantes. Revenue en France sept ans après la chute de l'Empire, elle s'installa place Vendôme dans un entresol. Les murs et les plafonds étaient tapissés de noir, les miroirs voilés de crêpe afin que nul ne pût assister à la déchéance de sa beauté en déclin… Elle avait 41 ans.

Alors, pendant vingt ans, les gens du quartier vont croiser, le soir, « la folle de la place Vendôme » rasant les murs, toute vêtue d'ombre, voiles de deuil flottant au vent. Parfois, elle s'arrête rue de Castiglione devant l'immeuble où, pour la première fois, elle a reçu Louis-Napoléon dans sa chambre tapissée de miroirs reflétant la somptuosité de ses vingt printemps.

Elle meurt à l'âge de soixante-deux ans. La vente de ses biens rapportera sept cent mille francs or, dont un somptueux collier qui valait à lui seul quatre cent vingt mille francs.

La Castiglione fut enterrée au Père-Lachaise dans la chemise de nuit de dentelle qu'elle portait à Compiègne lors de sa dernière nuit avec l'Empereur.

À la surprise de tous, on apprit qu'elle avait toujours conservé en location son appartement « lumineux » avec sa chambre toute en miroirs, souvenir ensoleillé de sa jeunesse, avant de se retrouver seule dans l'obscurité de sa place Vendôme, où débouche, ironie du sort, une rue, victoire de « Tonton » Bonaparte… la rue Castiglione.

HUGO ET LA TRANSMISSION DE PENSÉE

Un silence sidéral est tombé sur la salle. On entendrait « voler un tapis persan ».

– Le Maître va parler !

C'est la fin du banquet donné dans un restaurant du bois de Boulogne en l'honneur de Victor Hugo. Après le gâteau, et avant le café et les liqueurs, l'honorable vieillard a écouté, avec componction, les dithyrambes qui lui étaient adressés. C'est à son tour de parler.

Chacun sait combien l'homme le plus célèbre de France à la parole facile. Il improvise couramment en alexandrins. Douze syllabes rythmées, avec rime et consonne d'appui, il pratique cela à longueur d'année.

– Rheum... Gruhum...

Le Maître se racle la gorge, tamponne ses lèvres avec sa serviette, repousse sa chaise... Maintenant debout, son regard malicieux parcourt l'assistance. Tous les yeux sont braqués sur lui. Même les garçons dans leur habit de loufiat sont à l'arrêt, plateau en l'air. Moment solennel.

Nouveau raclement de gorge et Victor Hugo dit :

– Je r'prendrais bien du gâteau !

Stupeur… Hugo s'assoit… Silence… Il tend son assiette… Rumeur générale… Des rires fusent… Après un moment de silence, à sa table, on rit, rire général, applaudissements… L'histoire – que le petit-fils d'un témoin m'a racontée – ne dit pas s'il dégusta son « rab » de dessert avant, ou après le discours auquel ils eurent droit bien sûr. Le mot « gag » n'était pas encore inventé.

Cette histoire inédite (?) a, contrairement aux apparences, un rapport direct avec le spiritisme… Si, si, écoutez plutôt.

Un jour, le 11 septembre 1853 précisément, Delphine de Girardin, arrivée à Jersey l'avant-veille, initie pour la première fois la famille Hugo aux tables tournantes. Trois ou quatre personnes, autour d'un guéridon à trois pieds, se passent le fluide par les « petits doigts ». On évoque l'esprit d'un mort, on pose des questions et la table répond en frappant un pied sur le sol. Le nombre de coups se traduit en lettres suivant un code convenu, puis en mots et en phrases, tout le monde sait cela.

Il s'avéra tout de suite que Charles Hugo était un médium d'une exceptionnelle sensibilité. Cette première séance fut suivie de centaines d'autres aux cours desquelles les Hugo conversèrent avec Léopoldine, Moïse, Jésus, Eschyle, Shakespeare, Voltaire, etc. Que du beau monde !

Hugo ne se positionnait jamais à la table. Assis dans un coin de la salle, il se contentait de suggérer des questions et de noter les réponses. Il était alors en pleine crise mystique et c'est sur les problèmes qui le préoccupaient qu'il interrogeait les esprits.

On dit qu'il perfectionna le mode interrogatoire en inventant le verre retourné sur une table sur laquelle les lettres de l'alphabet sont disposées en rond.

Bien qu'il se soit refusé à intégrer dans son œuvre les paroles mêmes des tables, les réponses qu'il en reçut le confortèrent dans son côté « mission divine » sans toutefois jamais lui révéler quoi que ce soit de nouveau.

Jésus ne lui dit-il pas : *une nouvelle religion est nécessaire, en particulier concernant le sort des âmes après leur mort… car il n'est pas de crime qui ne puisse être racheté* ?

Ces conversations avec l'au-delà vont lui confirmer son rôle de poète idéaliste qui a foi dans le progrès humain. *Un homme, que le spectacle du mal et de la misère plongerait dans le désespoir, s'il n'était sauvé par sa foi en l'homme.*

Dieu est toute âme inaccessible à la raison humaine. Depuis la pierre, qui contient une parcelle d'âme, la chaîne remonte à l'infini : minéral, végétal, animal, homme, génie, ange… Dieu.

N'est-ce pas là la métempsycose ?

Alors ? Alors, un jour, après qu'un ami de la famille, Jules Alix, était devenu brusquement fou au cours d'une séance de spiritisme, Victor Hugo renonça définitivement à cette pratique, estimant « qu'elle ne pouvait conduire qu'à la folie. » La famille, par l'intermédiaire de Charles, continua encore un certain temps à faire tourner les tables… Mais, depuis l'absence de Victor Hugo, plus jamais les esprits questionnés ne répondirent… en alexandrins.

UN BILLET SIMPLE POUR L'OPÉRA

Au départ, ils étaient cent soixante et onze à proposer leur projet; un premier tri les réduisit à quarante-trois, puis à seize, puis à cinq, et puis… le voila là, SEUL aux Tuileries, ses plans étalés sur le grand bureau de l'Empereur, à commenter son projet devant le staff impérial.

– Alors là, sur la façade, sept arcades d'entrée et, au-dessus, une loggia avec ses seize grandes colonnes… Là, un attique en forme de dôme et là-haut, soixante-dix-neuf mètres au-dessus, la lyre d'Apollon…

– Superbe!

Ah! Il n'est pas peu fier, le Charles Garnier, trente-huit ans, d'avoir fait l'unanimité devant son projet d'Opéra où il a mis toute sa fantaisie, tout son talent d'architecte.

Prix de Rome à vingt-trois ans, il a certes, depuis, fait son chemin sans jamais oser espérer atteindre ce rêve insensé: créer et concevoir l'Opéra de Paris qui immortalisera les grandeurs du deuxième Empire. (À l'époque, on ne savait pas que ce ne serait que le «second».)

Comme il va passer au plan intérieur, la porte du cabinet impérial s'ouvre sous la poussée d'un huissier; apparaît l'Impératrice qui, voyant l'assemblée, va faire demi-tour.

– Pardon, vous êtes occupé et…

– Non, non, s'empresse l'Empereur, au contraire mon amie, venez voir notre nouvel Opéra que va nous faire Monsieur Garnier…

Saluant l'assistance d'un hochement de tête, Eugénie s'approche de la grande table de conférence et se penche sur le plan étalé. Sourires contenus, chacun guette la réaction de l'Espagnole dont on dit que les jugements sont parfois aussi imprévisibles qu'impitoyables. Un temps, Eugénie relève la tête.

– Curieux !

Surprise générale.

– Vous n'aimez pas ? s'inquiète l'Empereur.

– Heu… Ce n'est pas de style gothique, ce n'est pas grec, ni roman, ce n'est ni baroque ni rococo…

Interrogation générale devant la logique de la chose, tous les regards convergent vers Garnier.

– Ça n'a aucun style ! conclut Eugénie, satisfaite de son effet.

– Pardon de vous contredire, Majesté, ose dire Garnier dans un trait de génie… C'est le style Napoléon III !

L'histoire ne relate pas la chute de la scène, mais on imagine que derrière cette répartie, il n'y avait plus qu'à « tirer l'échelle », c'est le cas ou jamais de le dire.

Alors Charles Garnier commença son purgatoire. Toutes les grandes entreprises connaissent plus ou moins de misères ; ce fut la « mistoufle » comme on disait alors. Il fallut commencer par pomper pendant six mois l'eau de la Seine qui envahissait les fondations, et puis les fonds manquèrent, les intempéries, les grèves que Napoléon III venait d'autoriser, les guerres, surtout celle de 70 qui vit la disparition de l'Empire, et puis le Siège, et la Commune… Bref, toutes ces « mistoufles » firent que c'est seulement quinze ans après avoir signé le projet qu'enfin Garnier put dire :

– Ouf, ça y est ! On peut envisager l'inauguration officielle.

Et le 5 janvier 1875, à vingt heures précises, le président Mac-Mahon, en grandes pompes vernies, et haut de forme huit-reflets en main, gravit le grand escalier d'honneur entre deux haies de cuirassiers sabre au clair et bottes sombres.

Tous les invités de la République le suivaient en habit de cérémonie.

Derrière les officiels, les Parisiens, amateurs de grands événements, qui s'étaient arraché les billets à prix d'or, entrèrent à leur tour. Parmi eux, un monsieur grisonnant, la cinquantaine, tendit son billet pour une seconde loge qu'il avait payée cent vingts francs or (une fortune)…

C'était un certain Charles Garnier, oublié par l'Administration, lequel avait tenu à assister envers et contre tous à l'inauguration de son chef-d'œuvre, ni gothique, ni roman, ni baroque, ni rococo, mais de style « feu Napoléon III ».

Un Bonaparte assassin

– Je n'ai rien à répondre à votre lettre messieurs, seul Rochefort, porte-drapeau de la crapule, m'intéresse. Je l'attends d'ailleurs pour régler cette affaire.

– Pourtant, notre ami Grousset…

– Rochefort seul! ai-je dit. Maintenant, il se peut que vous soyez tous deux solidaires de cette charogne…

Sous la violence des mots, les deux visiteurs s'indignent.

– Monsieur, nous sommes solidaires de nos amis et les insultes que vous proférez…

C'est alors que, sans que rien ne puisse le laisser prévoir, l'hôte s'avance vers l'un des deux hommes. D'un revers de sa main gauche, il le soufflette violemment puis, sortant de sa poche droite un revolver, il le braque vers sa poitrine et tire. L'homme pousse un cri et sort en titubant.

– Comprenant que nous étions tombés dans un guet-apens et me rendant compte que, si je tirais un seul coup de feu, on ne manquerait pas de dire que nous avions été les agresseurs, je me précipitai dehors en criant à l'assassin… Dans la rue, je trouvai mon camarade qui avait eu la force de sortir et qui, tombé sur le trottoir, expirait…

C'est en ces termes que fut racontée par Ulrich de Fonvielle, en ce 10 janvier 1870, les faits qui virent mourir Victor Noir, assassiné froidement par le cousin de Napoléon III, le prince Pierre Bonaparte.

Que s'était-il passé en réalité ? Un classique échange de propos acerbes par journaux interposés, *L'Avenir de la Corse* et *La Revanche de Corse*, avait amené le rédacteur de ce dernier à envoyer ses deux témoins à l'auteur d'un article insultant Pierre Bonaparte. Celui-ci, fils de Lucien – frère de Napoléon – et donc cousin de Napoléon III, vomissait le Second Empire, lequel faisait semblant d'ignorer ses incartades journalistiques. Il recevait d'ailleurs une pension du pouvoir pour juguler son comportement véhément, voire impétueux.

Pour l'opposition, l'affaire était trop belle : « Un Bonaparte assassin », titrait le lendemain *La Lanterne* de Rochefort.

Ce n'était pas la première fois que le sang éclaboussait l'Empire de Badinguet mais, cette fois, il s'agissait d'un membre de sa famille qui, devant un tel crime, se retrouvait en prison.

Les obsèques de Victor Noir, promu du rôle de petit journaleux à celui de martyr de la Liberté, donna lieu à une manifestation anti-impériale monstre. Plus de cent mille personnes se rassemblèrent autour du cimetière de Neuilly, puis déferlèrent sur les Champs-Élysées.

Rochefort, pressentant le drame si la foule atteignait la Concorde où la troupe faisait barrage aux Tuileries, usa judicieusement de son prestige.

– Citoyens, dispersez-vous, vous vous feriez massacrer de façon inutile.

La foule obtempéra en grognant, l'Empire échappait provisoirement à la révolution républicaine.

Le procès du cousin de l'Empereur était très attendu ; il eut lieu le 21 mars. On entendit une version différente des faits par l'accusé :

– C'est Victor Noir qui s'est précipité sur moi pour me gifler ; il s'ensuivit une empoignade au cours de laquelle il tenta de m'étrangler...

De fait, lors de son interrogatoire au commissariat, on avait constaté des traces visibles de violences au cou et au visage de Pierre Bonaparte. Un témoin affirma même qu'il avait entendu Fonvielle dire après le drame : « Bonaparte a abattu notre ami, mais rien n'effacera pour lui la honte de la correction qu'il en avait reçue. »

La défense plaida la légitime défense et, huit jours plus tard, la cour de justice de Tours rendait son verdict :

– Acquittement !

La nouvelle fit l'effet d'une bombe. La balle de la rue d'Auteuil fut aussi meurtrière pour l'Empire qu'elle l'avait été pour Victor Noir.

Malgré les concessions et les promesses, seule une « bonne guerre » pouvait sauver Napoléon III de la révolution qui grondait.

La route de Sedan s'ouvrait béante sous ses pas.

Parti en exil en Angleterre, le cousin Pierre, meurtrier de Victor Noir, y vécut des jours difficiles. Son fils épousa une demoiselle Blanc.

Lacenaire d'acier

Salut, ô guillotine, expiation sublime,
Qui ravit l'homme à l'homme et le rend pur du crime !

Ayant rejeté par dégoût toute forme de suicide, un homme de trente ans, désabusé, décide un jour de requérir le secours de « la veuve » pour en finir avec cette « chienne de vie ». Il s'appelle Jean-François Lacenaire, et Jacques Prévert, qui l'a immortalisé dans *Les enfants du paradis* où on le vit assassiner le riche protecteur d'Arletty-Garance dans les bains turcs, a sublimé le personnage.

L'originalité de ce « suicide conçu » dans les années 1830 est que, pour avoir recours à la guillotine, « il fallait la mériter ». Lacenaire le dit froidement dans ses mémoires écrites en prison dans l'attente du dénouement fatal : *Je voulais que ce ne soit qu'une revanche. La société aurait mon sang mais j'aurais d'abord le sang de la société.*

Alors, Jean-François met en route son entreprise d'autodestruction. Convaincu qu'il ne pourra agir seul, pour trouver un complice idéal il pense que le lieu idoine pour le choisir est… la prison.

Ayant loué une voiture à bras, il la revend si naïvement qu'il se retrouve sous les verrous pour un an. À la centrale de Poissy, il fait la connaissance du type même d'assassin qu'il a idéalisé. Un jeune voyou sans foi ni loi, arborant un nom primesautier : Avril.

Lors de sa sortie de prison, Avril est pris en charge par Lacenaire qui l'entraîne aussitôt dans une première mission : la mainmise sur le magot d'un ex-codétenu, surnommé Tante Madeleine. Entré dans son domicile et s'étant fait connaître, sans la moindre hésitation, Lacenaire larde Tante Madeleine et sa mère, paralytique, de coups de couteau, laissant Avril les achever à la hache. Las, les odieux assassins en seront pour leurs frais, Tante Madeleine était bien moins riche qu'il ne le laissait croire. Forfanterie de « grande coquette » sans doute.

Pour son deuxième forfait, Lacenaire joue également de malchance. Il a prémédité l'assassinat d'un garçon de recette grâce à une fausse traite payée à domicile. Or, Avril s'étant fait arrêter par la police pour une peccadille, Lacenaire trouve à la dernière seconde un nouveau complice, si maladroit, que l'employé de banque se met à se débattre et à hurler avec tant de force que les deux agresseurs s'enfuient. Fiasco complet.

Deux mois plus tard, ayant renouvelé des fausses écritures, l'apprenti suicidaire est pincé en flagrant délit. Tandis que le juge d'instruction décline devant lui les peines encourues pour un tel délit, Lacenaire balaye d'une phrase toutes ces paroles.

– Vétilles que toutes ces peccadilles, Monsieur le Juge, j'ai nettement mieux à vous offrir !

Et devant les fonctionnaires ébahis, Lacenaire déballe tout, l'attaque du garçon de recette et le double meurtre chez Tante Madeleine.

Devenu prisonnier modèle puisque son but est atteint, il va bénéficier d'un régime spécial. Avouant son idée de suicide aux frais de la société, et prônant avec cynisme sa philosophie du crime qu'il avait mise en pratique, le Tout-Paris se passionne pour un personnage hors du commun tel que lui.

En novembre 1835, Lacenaire et Avril sont condamnés à mort et le complice accessoire écope du bagne à perpétuité.

Le 9 janvier, les deux condamnés sont réveillés à l'aube.

– C'est l'heure !

Avril reçoit le secours de la religion et communie, tandis que Lacenaire répond poliment :

– Non merci, cela n'entre pas dans mes manières de voir !

La tête dans la lunette de la guillotine, Avril hurle à Lacenaire qui attend son tour :

– Adieu !

– Adieu ! rugit Lacenaire du bas de l'échafaud.

Quelques instants plus tard, lorsqu'il gravit les marches de « la Veuve », l'homme qui a choisi sa mort nargue d'un regard triomphant la foule venue assister à son exécution ; aux mouvements de ses lèvres on peut même penser qu'il chante.

Puis tout se passe très vite, la planche qui bascule, la lunette qui se referme sur la nuque, le couperet qui tombe… et qui s'arrête à mi-course… Oui, c'est à ne pas croire, la guillotine qui vient parfaitement de fonctionner pour Avril s'immobilise juste au-dessus de la tête de Lacenaire.

Un murmure d'horreur jaillit de la foule, tandis que le bourreau et son aide se précipitent pour remonter le couperet à son point de départ. On voit alors Lacenaire « dévisser » sa tête dans la lunette pour regarder la mort qui se refuse à lui. On l'entend même ricaner. C'est l'horreur absolue. Mais déjà le couperet est remonté. Dans un effort suprême, le supplicié a la tête plus que de profil et son œil doit percevoir le fil de ce couperet qui descend maintenant vers lui… et qui s'arrête encore… Oui, la guillotine se coince au même endroit une seconde fois. Médusée, la foule regarde muette de stupeur ce spectacle insensé.

Au Moyen Âge, on aurait crié « au miracle » et gracié le supplicié. Là, rien de tel, les bourreaux restés près des montants remontent la lame. Lacenaire, le visage violacé, glousse de rire. De mémoire de bourreau, jamais telle situation ne s'était produite. Enfin, la lame tombe, la tête de Lacenaire disparaît dans le panier rempli de sciure… Justice est faite.

L'homme qui avait voulu se suicider au compte de la société venait de gagner son pari, « l'expiation sublime » venait de laver son crime dans le sang… non sans mal.

La véritable origine de la Tour Eiffel

En 1891, à Lyon, alors que les tours de la basilique s'achèvent sur la colline de Fourvière, de joyeux anticléricaux décident de construire, juste à côté, une tour Eiffel miniature, afin que le drapeau tricolore de la République flotte une trentaine de mètres AU-DESSUS DE LA CROIX des curés.

Ce que de très sérieux guides relatent aujourd'hui dans l'histoire de Lyon n'est toujours pas avoué à Paris qui pourtant, deux ans avant Lyon, avait fait flotter le même drapeau tricolore près de cent mètres au-dessus de la croix faîtière du Sacré-Cœur de Montmartre.

Oui, c'est la vieille lutte « gauche-droite » qui est à l'origine de la tour Eiffel. Pour s'en convaincre, les faits parlent d'eux-mêmes ; il suffit de les énoncer chronologiquement.

Mai 1884. Gustave Eiffel, bien introduit chez les francs-maçons de gauche, fait part à ses ingénieurs des soucis du gouvernement Jules Ferry : créer un monument susceptible d'attester lisiblement l'esprit républicain et laïc de l'Exposition universelle de 1889, centenaire de la Révolution française.

Pour marquer cette identité, quoi de plus parlant que le drapeau tricolore ? Mais un drapeau exceptionnel qui flotterait au-dessus du TOUT-PARIS.

– Plus haut que la butte Montmartre et sa basilique qu'ILS sont en train de nous construire, ce qui fait ?

– Ben… Montmartre cent trente mètres, le Sacré-Cœur quatre-vingt-quinze… deux cent vingt-cinq mètres !

– Allez, trois cents mètres tant qu'on y est, ça fait mille pieds… Ce sera le plus haut monument du monde.

Eiffel, très occupé par la finition de l'armature de la statue de la Liberté, chez Bartholdi, confie le projet à deux de ses ingénieurs.

– Vous voyez ça directement avec Lockroy, c'est lui qui va s'occuper de l'Expo. C'est un ami, mieux, un frère.

Voilà comment, cinq ans avant l'Expo du Centenaire, voit le jour un projet dont je lis le texte : « *Paris, le 6 juin 1884. Pylône de trois cents mètres de hauteur pour la Ville de Paris 1889. Avant-projet de Monsieur E. Nouguier et Monsieur Koechlin.* » Au-dessous, un plan de quatre poutrelles partant d'un carré de cent mètres à la base qui se réunissent en haut pour former un mât auquel est accroché un immense drapeau tricolore.

C'est à la fin de cette même année 84 qu'Eiffel, libéré du squelette de la « Liberté » parti et monté à New York, revient sur le projet du pylône de ses deux ingénieurs.

– Et si, au lieu de cent mètres à la base, on passait à cent vingt-cinq mètres, ça vous permettrait de mettre des ascenseurs, des plates-formes successives accueilleraient des visiteurs… Vous voyez ce que je veux dire ?

Le pylône de Nouguier et Kœchlin venait de se muer en « tour Eiffel » avec, toujours au sommet, le symbole tricolore attestant « lisiblement l'esprit laïque et républicain de l'Exposition ».

Bien sûr, tout ceci était resté occulte, confidentiel, entre initiés.

Pour officialiser les choses, ce ne fut que deux ans plus tard, le 1er mai 1886, que Lockroy, alors ministre du Commerce, lance un appel d'offre très précis : une tour de trois cents mètres de haut sur cent vingt-cinq mètres à la base.

Parmi les sept cents projets reçus, devinez lequel fut retenu par un jury présidé par Monsieur Alphand ? La tour de Monsieur Eiffel… Bravo !

Le 8 janvier 87, la convention est signée. Elle stipule qu'elle confie l'exploitation du monument à Eiffel pour vingt ans et non pas un an, comme on a le tort de le croire, faisant là confusion avec le pylône de Nouguier et Kœchlin destiné à être démonté dès la fin de l'Expo, lui.

La suite, tout le monde la connaît…

Voilà donc comment, le 31 mars 1889, Eiffel et Lockroy, seuls en haut de la petite plate-forme où est plantée la hampe terminale, font monter dans le ciel de Paris un drapeau de 7,50 m x 4,50 m.

Une salve de vingt et un coups de canon, tirés du premier étage, retentit ; on applaudit, on s'embrasse.

Eiffel remet son chapeau gibus, Lockroy son melon, leurs regards glissent vers la butte Montmartre où l'on entrevoit, derrière des échafaudages, les murs naissants du Sacré-Cœur, retardé pour des raisons techniques.

Mission accomplie, la gauche peut être fière, elle vient d'apposer lisiblement, par trois cents mètres de haut, sa signature laïque et républicaine : les trois couleurs de la République française. La Tour Eiffel ne fut, en fait, que la hampe du drapeau tricolore ; aujourd'hui une immense antenne de télé a « amené les couleurs ».

PATERNALISME CONTEMPTEUR

Le paternalisme définit aujourd'hui un homme politique suffisamment irresponsable pour annoncer, sincèrement, l'avant-veille des élections présidentielles :

– Je vais supprimer les impôts !

Sitôt rappelé à l'ordre :

– Démago ! Paternaliste !

Ce Père Noël est d'un autre âge bien sûr, quoique, depuis Napoléon III, presque toutes les grandes entreprises eurent à leur tête des patrons paternalistes ; les Boucicault, les Schneider, et même les Renault, Boussac ou autre Prouvost en furent de célèbres représentants.

Il existe à Paris, avenue Foch, un monument d'un goût plus que douteux, qui illustre parfaitement cette idée paternaliste, diabolisée aujourd'hui et décochée aux politiques qui veulent flatter le « bon électeur » dans le sens du poil.

Ce monument, érigé sur les pelouses de gauche, entre l'avenue de Malakoff et l'Étoile, est dédié à Jean-Charles Alphand, ingénieur et paysagiste d'Haussmann (l'Attila du vieux Paris). C'est à lui que nous devons le bois de Boulogne et le bois de Vincennes.

Cet édifice extravagant ne met aucunement en cause les talents ni l'intégrité de l'homme qui, d'ailleurs, n'aurait peut-être jamais accepté ce genre d'hommage.

En pied, et grandeur nature, Alphand, très décontract' du haut d'une stèle de trois mètres de haut, daigne laisser tomber son regard sur quatre hommes, eux aussi en pied, qui, au bas de la stèle, lui présentent leur travail. Tous sont certainement identifiables à leurs spécialités. L'un propose des peintures, l'autre des sculptures, les autres des plans. Leurs visages, anxieux des critiques que peut leur adresser le « patron », arrivent à la hauteur des bottines du boss… Un régal !

Pour compléter l'ensemble et couronner le grotesque du monument, une frise, en bas-relief, qui court sur une dizaine de mètres derrière les quatre solliciteurs, représente le petit monde des manuels, piochant, terrassant, brouettant, plantant, dans un anonymat dérisoire.

Aucun guide ne mentionne ce monument représentatif d'une époque. Nous avons tous en mémoire certains monuments funèbres ostentatoires érigés dans les cimetières, pour des anonymes qui se croyaient sûrement irremplaçables ; mais là, en plein milieu de la plus large avenue parisienne…

Vaut le détour, trois étoiles au guide du mauvais goût qui expose au grand jour, dans la plus grande avenue de Paris, un hommage disproportionné, démesuré, pyramidal…

À propos de « petits travailleurs », à un quidam qui se plaignait auprès de Clemenceau :

– De nos jours, les ouvriers en font de moins en moins !

Le Tigre répondit :

– Oh ! Ce n'est pas d'aujourd'hui, regardez les pyramides !

LE GÎTE, LE COUVERT ET… LE RESTE !

« *C'est le devoir des races supérieures de civiliser les races inférieures !* »

Cette phrase, qui mobiliserait aujourd'hui l'élite des censeurs de la planète, fut prononcée à la fin du XIXe siècle par l'un des plus représentatifs fleurons de la gauche réformatrice : Jules Ferry. Fort de ce principe qui permet d'éduquer (au besoin par la force) ces « races inférieures » l'Exposition du Centenaire de 1789 se devait d'accueillir les peuples coloniaux.

Voilà pourquoi, quelques jours avant l'ouverture de l'Expo, débarquent à Paris dix-neuf Tonkinois chargés d'aménager, puis d'animer, le « Palais du Tonkin ».

L'Administration n'a reculé devant aucune promesse pour décider ces dix-neuf « Pékins » (de race inférieure) à entreprendre (pour l'époque) ce long déplacement.

– Vous serez accueillis à Paris comme des princes, où nous vous garantissons le gîte, le couvert et le reste bien entendu…

Comprenez : des honneurs, des visites de monuments, des invitations, des cadeaux, bref tout ce que vous souhaitez.

Le traducteur a sans doute bien transmis le message, car c'est une joyeuse équipe qui vient prendre possession du grand pavillon qui leur est réservé. Aussitôt, tous s'ingénient à meubler, décorer et mettre au point les danses, chants, musique et spécialités qui seront offerts aux visiteurs supérieurs ou non.

– Tout va bien ?

– Tyé bieng' Tyé bieng'.

C'est quelques jours après l'ouverture que, brusquement, le ton change.

Un matin, à l'ouverture, si le stand du Tonkin est prêt à recevoir son flot de visiteurs, le personnel exotique a pris une attitude statique. Assis à l'asiatique, les bras croisés, l'œil noir sous les chapeaux en paille de riz, les Tonkinois font la grève sur le tas.

– Eux pas contents, explique le traducteur, souriant jaune.

– Mais pourquoi ?

– Vous pas tenir promesse.

– Nous ? s'étonne le responsable administratif.

– Eux le dire tous.

– Comment ? s'indigne le même fonctionnaire. Et d'énoncer tous les soins et attentions prodigués aux ingrats protestataires. Somptueusement logés, c'est eux-mêmes qui gèrent leur nourriture, la visite de Paris a bien débuté…

– Si, si interrompt l'interprète, eux sont contents de tout ça, mais « le reste » !

– Comment ça, le reste ?

– Oui… Ce que l'on pourrait espérer ici, à Paris, quand on a bien dormi et bien mangé…

C'est là que l'aimable représentant de l'Administration réalise la portée immense des mots… « Et le reste »… à Paris… ça ne peut être que « Ça » ! La réputation sulfureuse des « p'tites femmes de Paris » a suivi l'avancée des colonisateurs qui n'ont pas, non plus, lésiné sur la création de « maisons » exotiques aux quatre coins de leurs conquêtes.

– Vous voulez dire qu'ils pensent qu'on allait leur procurer aussi….

Le franc sourire réaffiché sur la face de l'interprète traduit que l'on est revenu sur la bonne voie.

– Alors dites-leur que s'ils reprennent leurs fonctions, ce soir, nous ferons venir ici, des invitées… pour « le reste »…

Voilà comment, jusqu'au dernier jour de l'Expo, on put voir dans les rues chaudes de la capitale de graves fonctionnaires à moustaches de l'Administration requérir, en fiacre, quelques dizaines de dames pour satisfaire « le reste » promis aux représentants d'une race inférieure, dont les « massages exotiques » ont, chez eux, le même parfum sulfureux que les « p'tites femmes de Paris » chez nous.

La leçon ne fut pas perdue. Pour l'Expo coloniale de Paris en 1937, les représentants de l'Indochine furent invités… avec leurs épouses.

Maurice amoureux de Colette

– Alors Rrrrouland, on rr'luque les femmes nues ?

Surpris en flagrant délit de « reluquage » d'une photo trônant sur le piano, je rosis sous l'interpellation rigolarde de notre hôte.

– Non, non, mais…

– Elle en vaut la peine, vous avez rrraison !

En visite à la Louque chez Maurice Chevalier pour les besoins d'une émission de télé, je me suis laissé aller à tenter de déchiffrer la signature d'une dédicace barrant une grande photo de femme nue en maillot chair, disposée en évidence sur le piano à queue du salon.

– Vous savez qui c'est ?

– Non, mais justement…

– Madame Colette.

– L'écrivain ?

– Oui, ou écrivaine comme disent nos cousins du Québec. Ah ! c'est une belle histoire…

Tout en parlant, Maurice est venu se saisir du cadre dont il essuie la vitre d'un revers de manche.

– Elle avait trente ans, j'en avais seize et j'débutais dans le métier en chantant des gaudrioles. Elle avait déjà publié son fameux *Claudine* mais, pour améliorer l'ordinaire, elle faisait un numéro de danseuse nue à Montmartre.

» Comme je passais dans un beuglant de la place Blanche, tous les soirs j'montais la voir dans sa loge. J'la faisais rigoler avec mon baratin, mais timide comme un potache, j'osais pas lui avouer que si elle avait voulu…

Et, brandissant le portrait…

– Avouez qu'ça en valait l'détourr ! Bref, un soir en sortant de sa loge, j'me r'trouve seul dans le hall. Y'a au mur les photos des artistes, je force le cadre de Colette, pique la photo, que j'planque sous mon paletot en m'disant que j'la lui ferai dédicacer plus tard, pardi. Pour pas l'abîmer à la maison, chez la Louque, y a un grand atlas dans lequel ma mère me fait voyager depuis quj'suis tout môme et j'la fourre dedans.

Un temps, Maurice décroche vers la grande baie qui donne sur le parc.

– Ah ! C'est comme ça que…

– Attendez, c'est pas fini. Comme j'pouvais pas décemment rapporter la photo au cabaret, le temps passe… J'pars en tournée à travers la France, Colette vit sa vie d'écrivain et puis j'l'oublie au profit d'autres dames… J'ai la chance de devenir le partenaire de Mistinguett, la guerre de 14 arrive, les États-Unis me réclament. Bref, quarante ans s'écoulent…

– Quarante ans ?

– Exactement quarante-quatre. C'est en 1950, quand je tourne le film *Ma pomme*, qu'en transformant ma bibliothèque j'ouvre avec émotion mon vieil atlas, et j'tombe sur la photo… Colette avait fait sa route, moi aussi. Elle était alors la vieille dame du Palais-Royal ; clouée dans son fauteuil par un problème de hanche, à pas loin de quatre-vingts ans… Alors j'me suis pas dégonflé ; j'ai pris ma plus belle plume et j'ai fait porter la photo avec son explication à Madame Colette. Quelques jours plus tard, elle me renvoyait la photo avec une dédicace digne de son grand talent. Tenez, vous pouvez la lire, ça vaut la peine.

D'une écriture large et appliquée, Colette avait écrit au-dessus de son immense paraphe :

Nous avions vingt ans, nous aurions pu, vous n'avez pas osé.
Aujourd'hui vous oseriez que nous ne pourrions plus.

TROMPETTES... MAL EMBOUCHÉES

Quatre jours de salle de police au soldat Pujol, pour avoir arrosé ses camarades de chambrée avec son derrière.

Ce motif de punition des années 1880, aussi mystérieux soit-il, est une vérité au sens propre. Le soldat Joseph Pujol qui faisait son service militaire dans ces années-là arrosait bien ses copains «*avec son derrière*»...

Auparavant, il s'était assis, cul nu, sur un seau rempli d'eau et là, avait eu lieu une chose extraordinaire. Pujol avait aspiré l'eau avec son anus puis, se mettant à quatre pattes sur son lit et accomplissant un mouvement tournant, il avait arrosé l'ensemble de la chambrée, à la grande joie des uns et au dégoût profond des autres.

Ce facétieux tourlourou marseillais, boulanger de son métier, ne savait pas alors qu'il allait faire de sa particularité physique une des plus extravagantes attractions publiques des années 1900: LE PÉTOMANE.

Tout gamin, à Marseille, le petit Pujol s'était rendu compte qu'il «pétait à volonté». Aspirant l'air et le rejetant quand il le voulait, au grand dam de ses parents et à la joie de ses copains.

Après son service militaire, où il provoqua dans les rangs des fous rires ravageurs, sur les conseils des copains-boulangers, il consent à monter un jour sur scène, dans un « beuglant ».

Le hasard fait qu'un imprésario soit présent. Impressionné par « l'exploit » du péteur et par les rires qu'il déclenche, il l'engage à Paris. C'est un triomphe. OUI, le mot n'est pas trop fort… C'est du délire.

Yvette Guilbert, célèbre « diseuse » du *Fiacre,* raconte dans ses souvenirs : *C'est au Moulin-Rouge en 1900 que j'ai entendu les cris les plus hystériques de l'hilarité populaire avec le pétomane.*

Vêtu d'un costume à la française, en velours rouge, le Pétomane se produisait sur scène avec un petit orchestre, qui exécutait des airs à la mode, ponctués par les pets de Monsieur Pujol.

Incroyable mais vrai ! Imaginez le spectacle :

– Danube bleu…. Pout pout, pout pout… Si comme un Dieu…. Pout pout pout, pout pout…. On t'a chanté… etc, etc.

On croit rêver. La presse, les chansonniers, les échotiers vont, bien sûr, célébrer cet événement : *Pétulant, impérissable, impétueux…*

Pendant vingt ans, le Pétomane va sillonner la France en faisant exploser de rire un public *avide de défoulement scatologique.*

Évidemment, son originalité, purement anatomique, lui permit de confondre et de faire condamner des imitateurs avec artifice. Sa publicité disait *sans odeur, l'air ambiant étant seul restitué.*

La guerre de 14 mit fin aux activités pétulantes de Joseph Pujol. Retiré à Marseille, sa ville natale, il y mourut en 1945, ayant refusé de livrer son corps à la science curieuse de connaître le secret de cette particularité unique en son genre et jamais renouvelée.

Personne donc n'a su par quel caprice de la nature Joseph Pujol, le pétomane, avait pu, pendant vingt ans, bénéficier de ces *trompettes de la renommée*, jamais *si mal embouchée*, aurait dit Brassens.

Des ciseaux magiques pour un « Moineau »

– Alors, cette surprise « capitale », mon cher Paul ?

L'interpellé pose avec délicatesse sa coupe de champagne et vient se poster devant l'une des deux portes encadrant l'immense cheminée qui embrase le salon.

– Mais elle est là, dans ma chambre !

– Superbe ! Découvrons-la, nous avons hâte !

Avec un sens consommé du suspense, l'homme jette un regard interrogateur à son bracelet montre Cartier.

– L'exactitude étant la politesse royalement mienne, il me reste encore sept minutes, pas une de plus ni de moins, encore... quatre cent huit secondes maintenant, et je vous livre ma... « découverte ».

La scène se passe au milieu des Années folles, dans le grand salon du château de Cléry-sur-Loire, à quelques kilomètres d'Orléans. Pour célébrer la Saint Hubert, le châtelain a convié une vingtaine de personnalités dites « parisiennes ». Des membres du barreau, des magnats de l'industrie et de la finance parmi les plus éminents sont là, quelques personnalités politiques aussi, et carte blanche est donnée à Paul Poiret pour « animer » la soirée.

À l'époque, si le célèbre couturier n'a plus le prestige que lui accorda l'avant-guerre 14-18, il reste cependant une des « figures » les plus en vue du Tout-Paris. Ses trouvailles font toujours sensation. D'où le suspense créé par ces quelques minutes d'attente.

Tandis que l'assistance ronge son frein dans un nouveau « glass », Paul Poiret se demande si, finalement, sa surprise ne va pas trop déconcerter, à commencer par lui.

Quelques heures plus tôt, alors que, dans son Hispano il descendait les Champs-Élysées, le coffre rempli de mirlitons, feux d'artifice et cotillons de toutes sortes, son regard expert repère, devant le Fouquet's qu'il connaît bien, une délicieuse petite silhouette féminine qui propose ses fleurs aux passants. Faisant stopper son chauffeur, il ouvre grand sa portière et fait signe à la jeune fille d'approcher.

– Combien tes violettes, petite ?

Sourire engageant aux lèvres, la bouquetière s'avance.

– Cent sous la botte, M'sieur, pour finir.

– Et combien as-tu de bottes ?

– J'sais pas, j'vais les compter…

Tandis qu'elle commence son inventaire, Paul Poiret saisit la corbeille qu'il tire à lui dans la voiture. Ne voulant pas lâcher son bien, la jeune fille résiste.

– Allez ! cent francs le tout, panier, fleurs et la marchande avec.

– Mais j'suis pas à vendre…

– Mais je ne t'achète pas toi, je t'emprunte….

Et devant son œil soudain alerté….

– Si ça te chante, bien sûr.

La bouquetière doit lire dans le regard bonhomme du couturier une gentillesse qui la met en confiance

– Et où qu'on irait ?

– Passer le week-end à la campagne.

– Quand ça ?

– Maintenant là, tout de suite.

– Merde ! Mais j'ai pas d'nippes pour ça.

– J'en ai, moi.
– Sans blague ?
– Plein ma boutique.
– Heu…!?
Voilà comment, ayant juste pris le temps de s'enrouler dans une pelisse de petit-gris, une charmante petite bouquetière qui vendait des violettes sur les Champs-Élysées débarquait, quelques heures plus tard, d'une Hispano conduite par Paul Poiret, pour fêter la Saint Hubert dans un somptueux château des bords de Loire.
– Ça alors ! Quand j'vais raconter ça !
La main sur la poignée de la porte, le regard sur la trotteuse de sa Santos-Dumont, le couturier se demande si, finalement, il a bien fait de ménager à cette assemblée une surprise de cette sorte. Certes, la jeune fille est jolie, piquante, débordante de gouaille et d'esprit d'à-propos. Tout au long de la route, elle n'a cessé d'être à l'aise, chantant des chansons, brocardant sa vie, parodiant ses amoureux. Surnommée « la môme Moineau » par ses proches, c'est l'archétype de la Parigote délurée.
Cantonnée dans la chambre du couturier, elle attend de faire son entrée dans un monde aux antipodes de sa condition.
– Je viendrai t'ouvrir la porte dans un quart d'heure très exactement, lui a précisé son mentor ; tu entres et, tout sourires, tu salues et distribues tes bouquets à tout le monde, ça ira très bien, tu verras. Ils s'attendent à tout, sauf à ton charme.
Au salon, le décompte s'achève enfin, Poiret tourne la poignée de la porte qu'il ouvre grande.
Mesdames, Messieurs, j'ai le plaisir de vous présenter « la môme Moineau ».
Un temps. La bouquetière jaillit hors de la chambre, les bras chargés de bouquets… Elle a abandonné ses fringues et se présente nue comme un p'tit saint Jean… Stupeur générale. Poiret raconte dans ses souvenirs :
La surprise dépassait mon programme, j'étais bouleversé. Il y eut des réactions diverses. Elle valsait, saluant tour à tour chacun

des convives qui n'en croyaient pas leurs yeux. Cependant, tous fondirent tant la "môme Moineau" était fraîche, juvénile, éclatante de jeunesse sous les feux roses des lampes et les reflets d'or du feu de bois.

Quand elle eut fait le tour des invités en distribuant ses bouquets, le châtelain, prétextant qu'elle ne pouvait prendre le risque d'attraper froid, l'invita à aller se rhabiller. C'est alors qu'un des hôtes, enlevant sur une table un tapis vieux rouge du plus bel effet, suggèra :

– Pourquoi nous quitter pour une banale question vestimentaire ? Poiret n'est-il pas là pour nous improviser quelque chose ? N'est-ce pas son métier ?

Comme la proposition fut saluée par des applaudissements, le couturier saisit le tapis de table et, sortant de sa poche une paire de ciseaux qui ne le quittait jamais, il tailla, coupa, noua, drapa sur le corps de la jeune fille, en quelques instants, une robe digne d'un conte des *Mille et une nuits*.

À table, l'esprit, la gouaille, l'inconscience aussi, suppléèrent au manque de culture de la « môme Moineau », sa jeunesse et sa beauté firent le reste.

De retour à Paris, Paul Poiret ne laissa pas tomber la petite bouquetière du Fouquet's qui trouva des mécènes ravis de s'afficher dans les « boîtes » avec celle qui avait ébloui un soir de Saint Hubert les invités du château de Cléry.

Devenue célèbre, la « môme Moineau » fit un riche mariage et revint souvent souper au Fouquet's, point de départ d'un aventure hors du commun grâce à un magicien qui sut, un soir, transformer d'un coup de ciseaux magique Cendrillon en princesse ou, plus prosaïquement, une Parigote en Parisienne, tout simplement.

La petite porte de Félix le Bel

S'il est, aujourd'hui encore, un homme, dont la mort brutale provoque un sourire à base de componction libidinale, c'est bien le président Félix Faure.

Et pourtant, un certain voile de mystère entoure à jamais (?) la disparition de cet homme surnommé « Félix le Bel » ou « Phénix Faune » par les chansonniers de l'époque.

Le 11 février 1889, vers dix-huit heures, Le Gall, directeur du cabinet présidentiel, revient à son secrétariat où on lui apprend que le « patron » est en « entretien privé ». En clair, cela signifie ne déranger sous aucun prétexte.

Le Gall est habitué à ces rendez-vous privilégiés avec des dames.

Dans ces cas-là, par solidarité libertine, il abandonne au Président son bureau qui donne directement sur le parc, permettant à la visiteuse de ressortir sur les Champs-Élysées par la petite porte de la « grille du coq ». C'est plus simple et tellement plus discret.

Ce jour-là donc, il est dix-huit heures trente lorsque la porte du secrétariat s'ouvre, laissant paraître un Félix Faure blême et chancelant, soutenu par la dame.

– Monsieur le Président !

Le Gall se précipite. On allonge le « beau Félisque » avec précaution sur un canapé.

– Monsieur le Président ? ne cesse de répéter le directeur de cabinet, sans qu'un mot ne sorte des lèvres violacées du moribond qui semble frappé de stupeur. Tandis que Le Gall dégrafe le col du Président, la visiteuse enfile son manteau, remet son chapeau à la hâte et, avec l'assentiment du directeur, sort par le parc déjà plongé dans le noir, et s'évanouit dans la nuit.

La suite officielle est connue :

Le président de la République, M. Félix Faure, est mort à l'Élysée des suites d'une hémorragie cérébrale foudroyante. Signé le professeur Lannelongue.

Y eut-il un réel « rapport » entre cette hémorragie et la présence suspecte de cette visiteuse, qui n'était autre que Madame Steinheil (devenue célèbre plus tard dans une sombre affaire) ? Allez savoir ! Nous étions alors en pleine affaire Dreyfus, et le prince de Monaco, que le Président avait reçu juste avant « la dame », a rapporté que Félix Faure avait eu une sorte de malaise pendant son entretien. D'autre part, on savait que l'homme était fragile du cœur au moment de son élection, et qu'il avait même hésité à s'y présenter.

Cependant, un certain nombre de questions sont et resteront sans réponse, si bien qu'on a pu, un instant, soupçonner les antidreyfusards de l'avoir empoisonné.

Le Président, quoique libre penseur, a-t-il réclamé un prêtre ? Ne pouvant joindre le curé de la Madeleine, on réquisitionna un abbé qui passait devant l'Élysée, et celui-ci, faute des saintes huiles, lui donna seulement l'absolution.

Quel fut ce mystérieux docteur qui diagnostiqua une indigestion ? Et prescrivit de l'alcool de menthe dans un verre d'eau avant que Lannelongue n'arrivât au chevet du mourant.

Deux rapports sur cette mort présidentielle furent rédigés.

Le premier par la police parisienne, le second par le corps médical. Or, ces deux documents essentiels ont disparu et n'ont jamais pu être retrouvés. Pourquoi ?

Pour la petite histoire, la seule qui compte au regard de l'éternité, la mort de Félix Faure se résume par l'arrivée du professeur Lannelongue à dix-neuf heures trente, soit une heure après le départ de la visiteuse.

– Le Président a-t-il toujours sa connaissance ? demande le célèbre médecin à l'huissier qui s'empresse de le conduire au chevet du moribond.

– Oh non ! Monsieur, répond l'huissier en baissant le ton, elle est partie par la p'tite porte…

Ah ! qu'en termes galants cette oraison fut dite !

La triste fin de Mata Hari

Un jour, à l'aube du 13 février 1917, alors que la guerre s'éternise dans les boues de la Marne, une petite bonne femme de quarante et un printemps, chapeautée de plumes, s'avance crânement vers un simple poteau de bois, planté dans le polygone du fort de Vincennes : Mata Hari, en malaisien « l'œil du jour » ou « soleil ».

À six mètres en retrait, quatre sergents, quatre caporaux et quatre hommes de troupe attendent, l'arme au pied. Onze balles ont été engagées dans les culasses des fusils, plus une à blanc, au hasard. Dans le silence glacial, les bottines de la femme chiffonnant les feuilles mortes font un bruit incongru, les ailes de la mort.

Arrivée devant le poteau, comme un soldat s'approche pour lui bander les yeux, elle le repousse en secouant ses plumes.

– Non merci. Je suis prête !

Le lieutenant accompagnateur fait signe au soldat de se retirer ; il salue et s'éloigne à son tour.

– Peloton à mon commandement. Arme en joue !

Alors, tandis que les douze soldats pointaient leur fusil, on put voir ce petit bout de femme envoyer un ultime baiser à ses bourreaux, avant de s'écrouler foudroyée sur le sol.

C'est ainsi que l'histoire raconte la fin de Mata Hari, la belle espionne au grand cœur, qui aurait travaillé pour le compte des Allemands.

En fait, elle était un agent double, dont le rôle ne fut jamais bien défini. Son avocat d'office n'eut le droit d'assister qu'à certains interrogatoires, et son procès fut expédié en une seule séance. Après trois ans de sale guerre, la propagande militaire avait bien besoin de prouver que la vigilance était plus que jamais à l'ordre du jour, et que les traîtres devaient être punis, quels que soient leur rôle ou leur sexe.

– Pas de quartier, douze balles dans la peau.

Mata Hari, de son vrai nom Margaretha Zelle, eut-elle véritablement un rôle effectif et important dans cette guerre de 14-18 ? En 1937, une Allemande, qui fut espionne à Anvers, publia ses mémoires. Elle y révéla à propos de Mata Hari : *Pas une des informations qu'elle nous a communiquées n'a été utilisable et ses renseignements n'ont eu pour nous aucun intérêt politique ou militaire. Cependant, sa condamnation était méritée et conforme à l'esprit du code militaire.* À défaut d'être louangeuse, cette révélation explicite l'attitude ferme et résolue, voire héroïque, lors de son exécution. Mata Hari a puisé son courage dans la fierté du devoir accompli, jusqu'au bout.

– J'ai joué, j'ai perdu, je paye.

Coïncidence curieuse, celle qui avait été une des vedettes des spectacles de la tour Eiffel, où elle se produisit en tant que « danseuse érotique malaisienne », fut trahie par cette même tour Eiffel qui capta des messages secrets allemands la concernant, qui la firent arrêter.

Après son exécution, son corps, n'ayant été réclamé par personne, fut donné au département d'anatomie de la Faculté de médecine de Paris. Sa tête, moulée par le service du docteur Lumbroso, fut l'objet de recherches spécifiques d'anthropologie. Le professeur s'était en effet spécialisé dans l'étude comparative des têtes « de grands criminels » (sic).

Par la suite, un ami proche, dont le frère faisait ses études de médecine, m'a raconté avoir été dans les années 60, en compagnie de celui-ci, voir une « curiosité » de la fac de médecine dans la salle des coupes. Il s'agissait du demi-tronc d'une femme, coupé dans le sens de la hauteur, de l'occiput au coccyx, conservé dans un bocal de formol.

– Je te présente Mata Hari.

– Mata Hari ? Mais elle a été fusillée !

– Justement !

Et pointant du doigt sous le cœur de l'horrible « chose » :

– Tu vois ce truc gris-vert, là… ça ne serait pas une balle ?

Ce pauvre Monsieur Rouget de Lisle

À l'heure où la ferveur sportive des stades se manifeste par les accents de *La Marseillaise,* il est amusant de rappeler que cet hymne guerrier fut écrit par un certain Rouget de Lisle dont on ne sait rien, ou presque? La preuve: Où est-il né? Quel était son prénom? Quel métier exerçait-il? Dans quelle ville a-t-il composé son hymne? En quelles circonstances? Combien y a-t-il de couplets? Quel va être son destin pendant la Révolution? Et après? Quand son œuvre devient-elle officiellement l'hymne de France? Où mourut-il? Où est-il enterré? Sur ces dix questions, vous répondez à combien? Ah! vous voyez...

Eh bien, Claude Rouget de Lisle naît, non pas dans le Nord ni à Marseille, mais à Lons-le-Saulnier, dans le Jura, en 1760. Élevé dans une famille noble, il a quatorze ans à la mort de Louis XV. Lorsque la Révolution de 89 arrive, il est capitaine dans l'armée du Roy et, sans grand enthousiasme, il passe du drapeau blanc fleur de lys au drapeau tricolore de la République. Il faut bien vivre! En juin 1791, c'est le tournant de la Révolution; avec sa famille, Louis XVI rate son évasion vers l'étranger et doit faire demi-tour à Varennes. C'est la fin de la royauté. Rouget de Lisle lui, fait éditer une pièce de théâtre *Bayard en Bresse*. Car c'est sa passion, au capitaine Rouget, ci-devant de Lisle, il écrit des vers et compose des chansons. Entre deux opérations militaires, il rime joliment. Et nous arrivons en 92. Le pauvre Louis XVI n'est plus qu'un fantoche entre les mains des partis républicains épris de liberté. Les royautés d'Europe voient d'un œil anxieux la montée antimonarchique

– Il faut déclarer la guerre aux rois et la paix aux nations !

L'idée d'une révolution universelle galvanise nos armées massées aux frontières. Le général Kellermann qui, à cinquante-sept ans, commande la garnison de Strasbourg, demande *sans périphrase* à son capitaine Rouget *un morceau inédit qui vaille la peine d'être chanté au camp*.

Le jeune poète – il a trente-deux ans – ergote un peu ; Kellermann insiste :

– Allez... Un hymne entraînant... comme vous savez en faire... Un beau poème qui plaise au parti populaire.

Rouget demande douze heures de répit, prend son violon et s'enferme.

Le lendemain, chez le maire de Strasbourg, Dietrich, Rouget de Lisle, le poing gauche sur le cœur, la main droite véhémente, lance devant une assemblée attentive

– Allons Zenfants de la patrie...i... eu le jour de gloi... ré... tarrivé...

C'est le succès. Dietrich, enthousiaste, reprend en chœur entre chacun des cinq couplets

– Aux armes, citoyens !

Nous sommes le 25 avril 1792.

Le dimanche suivant, le maire, qui a fait orchestrer le morceau sous le titre *Hymne de guerre pour l'armée du Rhin*, le fait jouer sur la grande place de Strasbourg par les musiciens de la garde nationale. Succès énorme. Recopié, le chant va se répandre à travers toute la France.

Le 22 juin, la ville de Marseille offre un banquet aux « cinq cents volontaires » qui partent pour Paris. Un étudiant de Montpellier, qui s'était procuré une copie, chante le nouvel hymne au dessert. C'est un tel « tabac » que les Marseillais ne chantent plus que ça durant leur montée vers la capitale. Le 14 juillet suivant, lorsque les volontaires phocéens arrivent à Vienne, la municipalité les reçoit avec fleurs et drapeaux. Ayant chanté les cinq couplets, à leur grande surprise, un groupe d'enfants, sous la conduite de l'abbé Pessonneaux, s'avance et entonne un couplet supplémentaire écrit par le brave curé.

– Nous entrerons dans la carrié... é... reu, quand nos aînés n'y seront plus...

L'à-propos est si juste, les paroles tellement en accord avec les élans de cette nouvelle génération qu'elles sont aussitôt assimilées et incorporées à celles de Rouget de Lisle :

– Nous aurons le sublime orgueil de les venger... rou de les suivreu... Aux armes citoyens !

L'arrivée à Paris des Marseillais avec « leur chant » va le faire adopter par tous sous un nom qui n'a rien à voir avec celui que lui a donné son auteur : *La Marseillaise*, sans que Rouget de Lisle ne touche un centime. La SACEM n'était pas encore inventée.

Et la gloire ? Pauvre Rouget ! En 93, dénoncé, soupçonné au moment de la Terreur, il va être emprisonné, condamné et ne devra son salut qu'à la chute du tyran Robespierre. Pour fêter sa libération, Rouget va écrire un *Chant du 9 Thermidor* qui n'aura aucun retentissement... Ingrate patrie !

Ayant repris du service, le capitaine Rouget est blessé lors du débarquement des « blancs » à Quiberon en 95. Tandis qu'il est soigné, il apprend que sa *Marseillaise* est devenue le chant national officiel lors des fêtes du 14 juillet à Paris.

– Ah bon !

– Oui, bravo !

Las de l'armée, et quelque peu aigri, ce que l'on peut comprendre, Rouget donne sa démission en 96 ; il n'a que 36 ans.

À partir de là, notre musicien-poète va vivre l'ascension de Bonaparte, la gloire puis la dégringolade de Napoléon, les Cent Jours et la Restauration, dans un anonymat presque misérable.

On sait qu'il continue d'écrire des pièces et des chansons dont aucune n'ajoutera rien à sa gloire. En 1830, Berlioz vient lui montrer une nouvelle orchestration qu'il compte faire adopter lorsque son œuvre redeviendra hymne officiel... Louis-Philippe y renoncera.

Il faudra attendre 1879 pour que Jules Grévy décrète à nouveau *La Marseillaise* chant officiel de la République française.

C'est en 1836 que Rouget de Lisle, retiré à Choisy-le-roi dans une retraite proche de la misère, mourra dans sa soixante-seizième année. Enterré au cimetière de Choisy, il y repose paisible jusqu'en 1917 lorsque, pour réveiller le patriotisme français qui s'enlise dans les tranchées boueuses, Clemenceau a l'idée de faire entrer l'auteur de *La Marseillaise* aux Invalides, en grande pompe.

On se rend au cimetière de Choisy, on exhume les restes de Rouget de Lisle que l'on transporte dans un cercueil neuf, mieux approprié aux circonstances.

Un médecin légiste qui assiste à l'opération, regarde mieux les ossements.

– Attendez, attendez... ce bassin...

On arrête, on regarde, le légiste pousse plus loin ses recoupements.

– Ce squelette est celui d'une jeune fille d'environ une vingtaine d'années !

Stupeur générale. Le cimetière de Choisy est en pente et... un glissement souterrain a pu... Que faire ? Retourner sur place ? Avouer la chose ? C'est le soir même que la chapelle ardente sera ouverte au public. Alors ?

Qui a dit « On ne change rien », voire « on s'en fout » ? Nul ne le saura jamais, mais aujourd'hui aux Invalides une jeune fille de Choisy repose en lieu et place de ce pauvre Rouget de Lisle qui, avouons-le, méritait mieux de la patrie, dont il reste malgré tout, aujourd'hui encore, l'un des touts premiers « Zenfants ».

UN « MABOUL » À L'ÉLYSÉE

– Kek qu'c'est ksà ? C'est-ti un fantôme ?

– Un fantôme qui court, ça s'est guère vu, gars !

En ce lundi de Pentecôte 1920, sur le coup de 23h15, un poseur de rails et un garde-barrière, qui rentrent chez eux, voient surgir un homme hirsute, en pyjama et en pantoufles, qui, tout essoufflé, leur dit :

– Je suis le président de la République… Je suis tombé du train officiel !

Évidemment, ça surprend ! Aussi, devant l'air abasourdi des deux cheminots, le fantôme ajoute :

– J'ai été pris d'une syncope.

Épuisé, l'homme est conduit jusqu'à la maison du garde-barrière, où la femme de ce dernier sort du lit conjugal pour qu'on y mette l'individu qui s'endort instantanément.

Prenant son vélo, le garde-barrière fonce réveiller le chef de gare tout proche, à Lorcy.

– Mais j'déconne pas, chef ! L'Président y dort dans not'lit, même que ma femme, elle en a failli tomber dans les pommes…

Prenant son téléphone, le chef de gare tente de joindre Montargis.

– Tu parles ! Ça sonne ça sonne ! Ils répondront pas avant le premier train de 5 heures ! J'vais tout d'même pas m'farcir trente bornes à vélo... Et pour qui ? Qu'est ce qui prouve que c'est bien l'Président ?

À 5 heures en effet, Montargis est enfin avisé et le chef de gare peut envoyer un télégramme au sous-préfet : *Trouvé sur voie au km 110/900 homme se disant président de la République. Prévenir médecin et autorités locales.*

Joint par téléphone à 5h10, le sous-préfet pressent une sale affaire.

– Mais cessez de vous excuser comme ça, bon Dieu... Ou c'est un canular et l'on en reparlera, ou c'est vrai et l'on n'a pas fini d'en parler !

Une heure plus tard, une voiture arrive chez le garde-barrière. On réveille le soi-disant Président et on l'emmène à Montargis.

Pour autant, personne n'est absolument convaincu que cet homme hébété, en pyjama, est bien Paul Deschanel.

Avisé de l'arrivée de l'individu en Préfecture et du doute qui persiste, le sous-préfet reprend son téléphone.

– Je m'fous de c'que vous en pensez... Vous m'arrêtez ce foutu train officiel à Roanne et l'on va bien voir s'il est là ou pas, l'Président... C'est tout !

Arrêté à 5h50, le chef de train n'en croit pas ses oreilles.

– Quoi ? Le Président ? Vous plaisantez ou quoi ? Il dort. Il a demandé qu'on ne le réveille qu'à 7 heures, et je me dois de respecter son sommeil.

À ce moment, un employé de la gare surgit avec une nouvelle dépêche : *Le voyageur vêtu d'un pyjama semble bien être le président de la République.*

– Vérifiez !

On se précipite, enfin, pour constater son absence. La vitre ouverte, le rideau qui flotte... Le doute n'est plus possible. M. Paul Deschanel, président de la République, est bien tombé du train. *Contusions sans gravité, état aussi satisfaisant que possible*, précise le communiqué officiel.

Au physique oui, mais au moral…

Alors la presse, les chansonniers, les échotiers vont s'en donner à cœur joie. Vous pensez… J'ai le souvenir que mon grand-père chantait :

Il n'a pas abîmé son pi-pi-pi-pyjama
C'est épatant mais comme ça
Il n'a pas abîmé son pi-pi-pi-pyjama
Il est verni l'chef de l'État

Après une telle péripétie, on s'interroge, on se souvient d'un certain nombre « d'originalités » mises sur le compte de la fatigue d'une charge présidentielle.

À Nice, comme son discours enthousiasme la foule, le président Deschanel salue comme au théâtre. Et puisque les ovations continuent, il impose le silence et bisse son laïus.

À Menton, le Président défile au pas cadencé sous la pluie, ramasse les fleurs qu'on lui envoie, dans la boue, pour les relancer dans la foule.

À table avec deux députés, à l'Élysée, il quitte précipitamment ses invités pour aller grimper dans un arbre d'où l'on doit le redescendre avec une échelle.

À Rambouillet, alors qu'il échangeait quelques mots avec un jardinier, il saute brusquement dans le bassin, où il se promène, l'eau à mi-corps. Sourd aux invitations à sortir, on doit utiliser une barque pour le persuader de quitter la compagnie des poissons rouges et des carpes.

Le coup du train était de trop. Il fallut convaincre Paul Deschanel de donner sa démission dès la rentrée de septembre. Ce qu'il fit avec « un déchirement profond ».

Détail précieux pour l'époque. Quand on demandera au garde-barrière comment il avait compris qu'il s'agissait bien du président de la République qu'il hébergeait chez lui, il répondra :

– Quand il s'est couché dans not'lit, j'ai vu tout d'suite qu'c'était du « beau monde »… Il avait les pieds propres.

L'HUÎTRE ET LA CHAISE RENVERSÉE

C'est une histoire à peine croyable et pourtant vraie… Elle est vraie puisque Adrienne Bolland, la dame qui l'a vécue, l'a racontée et que des témoins l'ont confirmé…

Ça se passe en 1921 en Amérique du Sud. À cette époque, on commence à croire à l'avenir de l'aviation… On ose penser qu'un jour les avions aboliront les frontières et rapprocheront les hommes.

Aujourd'hui c'est banal, mais en 1921 les premières lignes Paris-Londres et Paris-Bruxelles font de timides essais et il va falloir attendre encore six ans pour qu'en 1927 Charles Lindbergh traverse l'Atlantique en trente-trois heures et trente minutes.

Donc en 1921, dans tous les pays du monde, on tente de relier les villes et les nations par la voie des airs. Le problème est le carburant, car le poids des avions, et par là même, leur rayon d'action reste très limité.

Or, en Amérique du Sud, personne n'a encore réussi à relier l'Argentine et le Chili. Là, ce n'est pas une question de distance (200 km) mais d'altitude. Entre l'Argentine et le Chili, il y a la Cordillère des Andes, une montagne de quatre mille mètres et, à l'époque, les avions plafonnent à trois mille, trois mille cinq cents mètres. Depuis deux ans, cinq aviateurs ont pris leur envol depuis l'aérodrome de Mendoza, en Argentine, en direction de Santiago, la capitale du Chili… Ils ont tous disparu dans la montagne et l'on ne les a jamais revus… On ne passe pas les Andes.

Un jour, au printemps 1921, une petite Française de trente ans, Adrienne Bolland, est arrivée à Mendoza et s'apprête à s'envoler, elle aussi, pour le Chili, en passant par-dessus la montagne. Tout le monde la prend pour une folle, bien sûr, et la presse dit : *« Ça fera le sixième disparu, et puis c'est tout… »* Après quelques semaines d'observations et d'essais, le départ est fixé. La veille, alors que l'aviatrice se repose à son hôtel, une femme très excitée demande à lui parler et lui dit en substance :

– Il n'y a qu'une seule bonne route pour passer la montagne… Lorsque dans la vallée vous verrez un lac qui à la forme et la couleur d'une huître, si vous continuez la vallée à droite vous êtes perdue, mais si vous tournez à gauche en direction de la montagne qui a la forme des quatre pieds d'une chaise renversée, alors là vous trouverez le passage et atterrirez au Chili.

Adrienne feint de la croire et la remercie. « C'est une folle. » Comment quelqu'un pourrait-il en effet connaître un itinéraire dans ces montagnes où personne n'a jamais mis les pieds ? À moins d'avoir reçu la confidence d'un condor, ces grands oiseaux qui survolent les Andes… Non, restons sérieux.

Et le lendemain, aux premiers rayons du soleil, Adrienne Bolland s'envole à bord de son Caudron G3… Pour lutter contre le froid, le pire ennemi des aviateurs de l'époque, sous sa combinaison elle s'est bardée le corps de journaux, elle a enroulé des bandelettes de papier à beurre sous ses gants et elle a enfilé trois paires de chaussettes de laine sans chaussures pour éviter toute pression sur ses pieds. À trois mille mètres, il fait –10° –12°.

Et la voilà qui aborde la montagne… Et son avion se faufile entre les sommets… Elle vole depuis près d'une heure déjà… Elle est à deux mille deux cents mètres… Le froid lui paralyse les doigts, son visage est complètement figé… Et c'est en débouchant dans une nouvelle vallée qu'elle voit tout à coup, en bas devant elle, un lac qu'elle reconnaît aussitôt… *« La forme et la couleur d'une huître...»* À droite, la vallée continue et, en tournant le regard vers la gauche, elle voit... une montagne avec quatre pics... «*la forme des quatre pieds d'une chaise renversée...*» C'est pas vrai! Adrienne n'en croit pas ses yeux. La voix de la folle qui est venue la voir résonne à ses oreilles: «*Si vous continuez la vallée à droite, vous êtes perdue.*» «*Tempête sous un crâne*», aurait dit Victor Hugo. À droite, la vallée, l'obscurité... À gauche, le mur de la montagne... Mais «*l'huître... la chaise renversée*»? Les cinq aviateurs qui ont disparu sont arrivés comme elle ici et, forcément, ils ont pris la vallée à droite... «*Si vous continuez à droite, vous êtes perdue...*» Alors... Qu'est-ce que vous auriez fait?

Eh bien, elle a viré à gauche. Elle a foncé sur la montagne et, arrivée à moins de cinquante mètres de la chaise renversée sur laquelle elle allait s'écraser, elle a trouvé une vallée sur la droite et cette trouée l'a conduite directement au Chili où elle a été accueillie comme une héroïne nationale....

L'histoire est (selon Adrienne Bolland), parfaitement authentique.

Alors... Qui était cette folle qu'elle n'a jamais retrouvée? Étonnant, non?

Edgar Poe aurait dit EXTRA... ORDINAIRE.

LANDRU EST MORT LES PIEDS SALES

– Landru, du courage, c'est l'heure.

L'interpellé ouvre les yeux, passant sans transition du rêve au cauchemar.

Tous ces hommes, près de lui dans cette minuscule cellule, sont là pour le conduire au supplice. Dans un instant, sa tête sera violemment séparée de son corps par le tranchant de la machine à Guillotin.

En ce petit matin du 25 février 1922, l'homme qui a mobilisé tous les médias pendant des mois va payer de sa vie la disparition de onze « fiancées », sans qu'aucune preuve ne vienne confirmer qu'il les a tuées.

Calme, serein comme s'il allait sortir pour une balade en ville, Landru s'habille, refuse la cigarette que lui propose le geôlier.

– Merci, je ne vais pas commencer maintenant.

Il accepte, en revanche, le petit verre de rhum qu'il lève même d'un geste furtif en direction de maître Moro-Giafferi, son défenseur.

– À la bonne vôtre !

Le silence de mort est maintenant troublé par le chuintement des ciseaux échancrant le col de chemise du condamné. Le substitut se penche vers lui.

– Avez-vous des révélations à faire ?

Le petit homme tourne vers le magistrat une barbe indignée.

– Je tiens cette demande pour insultante, Monsieur !

Une gêne presque palpable étreint l'assistance. Et si Landru était innocent ? N'a-t-il pas cessé de répéter : « Escroc peut-être, assassin jamais. »

Il faut dire qu'un manque de preuves absolu a entaché le verdict de ce procès qui, en réalité, en faisait oublier un autre, beaucoup plus grave, beaucoup plus important : celui de Guillaume II, le Kaiser, appelé à être jugé devant une haute cour internationale pour sa responsabilité dans la guerre de 14-18 qui venait de faire, quand même, la bagatelle de huit millions de morts. Procès prévu et ratifié lors de la signature du Traité de Versailles (art. 228). Seulement voilà, Guillaume II, empereur d'Allemagne, n'était-il pas le cousin du roi d'Angleterre ? Avait-on le droit de condamner un Hohenzollern et d'imposer ce camouflet supplémentaire à un peuple allemand déjà profondément humilié ?

Survenu à point nommé, le procès Landru, qui mobilisa la presse pendant des semaines, fut-il « gonflé » dans le but politique d'épargner le Kaiser ? Mieux, fut-il « bidonné » au point que ce ne serait pas Landru qui aurait été guillotiné ? Une confidence de Grock, le célèbre clown suisse, dans ses mémoires, révèle que quelques années plus tard, en Argentine, il avait rencontré et reconnu Landru, bien vivant, et que le directeur de la police, M. Castine-Vias Cuzco, interrogé sur cette présence, lui aurait répondu :

– Si vous me donnez votre parole d'honneur de ne pas en parler maintenant…

– Je vous la donne.

– Oui, l'homme que vous avez vu est bien Landru. L'individu qui a été guillotiné à sa place s'appelait Pierre Royère…

Et le chef de la police ajouta, toujours selon Grock :

– L'affaire a été montée de toutes pièces par le gouvernement français afin de détourner l'opinion publique des difficultés internationales…

Alors ?

Alors, sans mettre en doute la parole de Grock, n'aurait-il pas été la victime d'une bonne « farce » faite par ledit directeur de la police argentine, sorte de réponse du berger à la bergère, en l'occurrence de flic à clown ? À l'époque, les petits barbus à l'œil pétillant étaient légion de par le monde et Grock, dont le « sans blâââgue » ponctuait ses facéties, n'avait-il pas été pris pour un pince-sans-rire en veine de plaisanterie ?

– J'ai vu Landru.

– Ah bon !

– Oui, et je ne plaisante pas, c'était bien lui.

– Et alors ?

– Alors, c'est à vous de me répondre…

Et jouant le jeu de la plaisanterie à froid, le sieur Castine-Vias Cuzco aurait répondu en confidence, « sans blâââgue… » ! Car, même s'il est avéré que le procès Landru fit oublier celui de Guillaume II, réfugié en Hollande, (en mai 40, Hitler viendra l'y saluer « en passant »), il est invraisemblable que maître Moro-Giafferi et toutes les personnes venues l'escorter au moment fatal aient pu le confondre avec quelqu'un d'autre.

Il est une chose qui ne trompe d'ailleurs pas, c'est l'humour noir dont fit preuve Landru tout au long de son procès, en général et ce jour fatal en particulier.

Il est à présent debout, les poignets liés derrière le dos, face à la porte et au couloir au bout duquel, derrière le portail, la guillotine a été dressée.

Le substitut, d'une voix qui se veut ferme, s'adresse une dernière fois au condamné, ainsi que le prévoit le règlement :

– Landru, avez-vous une dernière volonté ?

Généralement, les condamnés secouent négativement la tête ou ceux qui ont la rage au cœur insultent la société. Landru lui, très calme, regarde son interlocuteur et dit :

– Oui, je voudrais me laver les pieds.

La foudre serait tombée dans la cellule qu'elle n'aurait pas provoqué plus d'effet. Se laver les pieds ! Imaginez tout ce que représente cette demande. Aller chercher une cuvette, du savon, une serviette, et il est capable de demander de l'eau chaude, et il faut lui délier les mains. Le substitut jette autour de lui un regard éperdu.

– Qu'est-ce qu'on fait ?

Une dernière volonté, c'est sacré… Se laver les pieds !

Cela a été demandé d'une voix calme, sans l'ombre apparente d'une quelconque plaisanterie, et pourtant… Un homme qui sait que dans quelques minutes il va mourir et qui demande à se laver les pieds, ça ne s'est jamais vu. Inouï, au sens littéral du terme. Et c'est ce qui sauva le substitut du ridicule. Il trouva la réplique qui convenait.

– Ça n'est pas prévu par le règlement !

Tout le monde soupire. Sans attendre la réaction du condamné, il enchaîne :

– Allons !

Encadré par les aides bourreaux, Landru s'avance d'un pas ferme le long du couloir jusqu'au portail déjà entrouvert. Petit arrêt. Maître Moro-Giafferi se faufile près de son client :

– Landru, vous n'avez plus rien à perdre, quelle est la vérité ?

Le monstre (?) qui, selon toute vraisemblance, a assassiné de sang-froid au moins onze personnes qu'il a découpées en petits morceaux (sur les six douzaines de lames de scie à métaux qu'il avait achetées, il n'en restait qu'à peine trois douzaines !) pour les brûler dans sa cuisinière, esquisse un ultime sourire diabolique dans sa barbe :

– Désolé, Maître, c'est mon petit bagage !

C'est sur cette ultime pirouette que le « Sire de Gambais » monta, sans aucune hésitation apparente, les degrés menant à son supplice.

Six heures sonnaient au clocher voisin lorsque sa tête tomba dans le panier garni de son… À quelques centaines de kilomètres de là, le Kaiser dormait-il encore ? Ou, dans son cabinet de toilettes, venait-il de se laver les pieds ?

Clemenceau retrouve le soleil occulté par les « curés »

– Monsieur le Président a bien dormi ?

En pénétrant ce matin-là dans la chambre de Clemenceau, son fidèle valet de chambre doit avoir une voix plus décidée que d'ordinaire, ce qui a pour effet de faire se dresser aussitôt le vieux tribun sur son séant.

– Il fait un temps magnifique, enchaîne le valet, déposant le plateau du petit déjeuner sur la crédence.

Nous sommes à Paris, au n°8 de la rue Franklin où, depuis plus de trente ans, Georges Clemenceau a élu domicile.

C'est ici que le Tigre a ruminé et vécu les heures les plus exaltantes de sa vie. Depuis le «J'accuse» de Zola qu'il titre en gros à la une de *L'Aurore*, dont il est le rédacteur en chef en 1898, jusqu'à son élimination de la présidence de la République en 1920, c'est là qu'il vient reprendre souffle, au calme après les grandes batailles de sa tumultueuse existence.

Sa dent dure et ses décisions arbitraires en ont fait, au fil des ans, un grand solitaire, à l'image d'un tigre dont il assume la réputation.

Ses péripéties pour la mise en place du Traité de Versailles l'avaient contraint de bousculer bon nombre de politiques de droite et de gauche et il avait suffi d'à peine quelques mois pour que le « Père la Victoire » devienne le « Perd » la Victoire. Ultime sursaut d'un orgueil, surdimensionné diront ses détracteurs, il avait pensé qu'il pourrait se « laisser porter » à la présidence de la République « dans un fauteuil ». (Feignant d'oublier qu'il avait dit : « Il y a deux choses inutiles sur cette planète, la prostate et le président de la République »).

Las, en janvier 1920, il est battu par dix-neuf voix au profit de Paul Deschanel, ce qui fit dire à Lloyd George, grand Premier britannique : « Cette fois, ce sont les Français qui ont brûlé Jeanne d'Arc. »

Depuis lors, aigri et sourd (dans les deux sens du mot) aux vicissitudes politiques, il passe sa vie dans l'attente de la mort, entre sa maison de Vendée et son domicile parisien.

Celui-ci est accolé, ironie du sort, à l'institut Saint-Louis de Gonzague et si les cris des élèves en récréation ne gênent plus guère le vieil homme, un acacia, en prenant du feuillu devant sa fenêtre de chambre, lui occulte le soleil matinal.

À plusieurs reprises, ses amis lui en ont fait la remarque :

– Pourquoi tu ne leur demandes pas de couper les branches ? C'est anormal, ça te bouffe toute la lumière.

Chaque fois, le vieux Tigre s'est vu rauquer :

– Tu me vois aller demander un service aux curés ? Moi, ancien maire de la commune libre de Montmartre, qui ai refusé de pénétrer dans le Sacré-Cœur ?

Un ami plus judicieux que les autres prit un jour la situation en main, en allant trouver le père supérieur de l'institut voisin

– C'est cette fenêtre-là, voyez vous-même.

Pas sectaire du tout, le Jésuite accepta de rendre humble l'arbre envahisseur et, sur la suggestion du visiteur, consentit même à faire faire l'élagage un soir tard, afin de ménager la surprise.

C'est pour cette raison que, ce matin-là, tout joyeux le domestique tire les rideaux, ouvre la fenêtre et pousse les volets… libérant un flot lumineux qui déferle dans la chambre.

Surprise et feulement de joie du Tigre, qui se rembrunit aussitôt :

– Ouais, je suppose qu'il va me falloir remercier les curés !

Et comme le valet, tout sourires, ne dit mot :

– On va s'en débarrasser tout de suite. Passe-moi mon écritoire et cale-moi mes oreillers.

Et Clemenceau écrivit : « *Bien cher Père, permettez-moi de vous appeler mon Père, ne venez-vous pas de me donner le jour ?* »

Le père supérieur répondit : « *Bien cher fils, permettez-moi de vous appelez mon fils, ne vous ai-je pas ouvert le ciel ?* »

Laïc ou religieux, c'est l'Esprit qui fait l'Homme.

MERMOZ : UN ATHLÈTE DE HAUT VOL

Mermoz, un nom qui brille dans le ciel comme le soleil au zénith d'un mois de juin. Mermoz, une tête d'archange sur un corps d'athlète grec, et l'auréole des martyrs du progrès disparus en pleine gloire.

Ce jour-là, le 2 mars 1929, alors que l'Aéropostale dessert depuis peu l'Amérique du Sud – Paris, Marseille, Rabat, Dakar, l'Atlantique, Rio de Janeiro, Montevideo, Buenos Aires –, Mermoz demeure persuadé que, malgré les difficultés que représente la Cordillère des Andes, la ligne peut être prolongée, de l'autre côté, jusqu'à Santiago du Chili.

Le problème ? Les avions d'alors plafonnent à quatre mille deux cents mètres et la montagne culmine à quatre mille cinq cents mètres… Trois cents mètres de trop, la hauteur de la tour Eiffel. L'idée de Mermoz c'est que, se fiant à sa bonne étoile, il bénéficiera de vents ascendants qui, le moment venu, le propulseront « par-dessus l'obstacle ».

Pour donner plus de poids à cette nouvelle aventure, l'aviateur a invité le comte de La Vaulx, célèbre aérostier et personnalité internationale, à partager son voyage comme passager.

À bord de son Latécoère 25, en compagnie de son mécanicien Collenot et de son hôte de marque, ils sont en route depuis une demi-heure à peine lorsque, brusquement, après deux ou trois ratés, le moteur s'arrête. Dans l'horrible silence qui suit, la voix de Mermoz retentit :

– Accrochez-vous, on va atterrir !

Atterrir ? Alors que la montagne hérisse de partout ses pics ou ses précipices. Quelle tête firent les deux passagers en cet instant précis ? À peine le temps d'y songer que déjà l'appareil plonge en direction d'une plate-forme de trois cents mètres environ, qui se distingue entre deux crêtes. L'aire d'atterrissage est étroite, mais c'est se poser là ou s'écraser contre la montagne. Maîtrisant parfaitement sa course en vol plané, Mermoz fait une approche impeccable. Les roues touchent la roche de la plate-forme en douceur, mais l'élan pousse irrésistiblement l'avion vers l'extrémité du plan d'atterrissage, qui accuse une légère pente. Basculer dans le vide, c'est une perte de contrôle à coup sûr, et la mort. Alors, en moins de temps qu'il n'en faut pour le dire, Mermoz s'arrache de son siège, ouvre grand la portière, saute hors de l'appareil. On le voit courir à ses côtés, le dépasser puis, plongeant devant les roues, il s'y accroche, faisant office de frein. Quelques secondes encore de glissades et l'avion s'immobilise.

– Apporte-moi des cales !

Le mécanicien se précipite, on immobilise les roues. Cramponné à son siège, le comte de La Vaulx semble vidé de son sang.

– Une saloperie dans l'essence, on va réparer ça ! dit Mermoz avec un grand sourire.

Une heure plus tard, ayant démonté, nettoyé et replacé le carburateur, les trois hommes remontent l'avion au plus haut de la plate-forme. Alors, avec une maîtrise parfaite et un sang-froid admirable, Mermoz profite du saut dans le vide de son appareil pour faire repartir le moteur.

Le courant ascendant espéré était au rendez-vous et, le soir, les trois hommes purent fêter leur arrivée à Santiago du Chili.

Le lendemain, Mermoz envoie en France une carte postale avec ces mots : « *Bien arrivé. Panne en montagne, réparable heureusement. Voyage sportif. Malgré tout, Cordillère des Andes pas désagréable... mais vue d'en bas.* »

LES FLEURS DU TIGRE

Le 24 novembre 1929, Georges Clemenceau mourait. Dans son cercueil, celui que l'on surnommait le Tigre avait demandé que l'on dépose trois choses : sa canne à pommeau de fer, un coffret contenant *Les noces de Figaro* offert par sa mère et un petit bouquet de fleurs des champs séchées…

Que représentait-il pour ce fauve de la politique dont on disait « *on le craint plus qu'on ne l'aime… il fait peur* » ? Quel souvenir impérissable restait attaché à ce modeste témoignage sentimental du bouquet de fleurs ?

Il suffit parfois d'un simple détail comme celui-là pour voir d'un œil différent les géants de notre histoire.

Géant il le fut, à coups de gueule et à coups de trique, semant la crainte chez quiconque lui faisait obstruction. Maire de Montmartre à trente ans, il fait partie de la gauche démocrate présidée par Victor Hugo, puis, après des hauts et des bas politiques, directeur de *L'Aurore*, c'est lui qui ose faire toute la une du journal avec le « J'accuse » de Zola. Ministre de l'Intérieur et président du Conseil (Premier ministre), il poursuit implacablement sa route à gauche sans la moindre concession, se méfiant de tout

– Je fais de la politique, je ne rentre plus dans une pissotière publique !

En novembre 1917, alors que les Alliés s'interrogent sur l'issue du conflit qui s'éternise, c'est contraint et forcé que le président Poincaré fait appel à lui.

« Foutez-moi la Paix, je fais la Guerre ! » devient sa réplique favorite devant une opposition en déroute. S'étant entouré de ministres compétents mais soumis à ses ordres, à un député qui les traite de « Godillots ! », le Tigre ironise :

– Vous semblez oublier que ce sont des oies qui ont sauvé le Capitole.

Passant outre toutes les critiques, Clemenceau va communiquer à la France un moral de vainqueur : « On les aura, les Boches ! » Son secret est celui qu'adoptera le général de Gaulle : s'adresser directement au pays à travers les parlementaires.

– Mes discours sont toujours passés par-dessus la tête des députés et des sénateurs. Je leur ai toujours laissé entendre que c'est le pays qui me jugerait et qui les jugerait, eux.

Et « le Vieux » va œuvrer jour et nuit pour redonner un moral de vainqueur aux soldats qui vivent l'enfer au front, dans des conditions inhumaines.

– Allez, bon Dieu, on les aura ! Debout !

On connaît le résultat : le 11 novembre 1918, le clairon sonne la fin du carnage. Le « Père la Victoire » commence une autre guerre, le traité de paix. Bataillant contre les Américains et les Anglais qui veulent minimiser le prix de toutes ces souffrances et des mutilations subies sur le sol français, le Tigre va négocier au mieux les dommages de guerre.

Estimant que ses services rendus à la Patrie méritent une récompense, il accepte que son nom soit proposé pour la présidence de la République, où, contre toute attente, il est battu au profit de Deschanel, président psychopathe.

Réfugié dans une retraite hautaine et solitaire, entre sa maison de Vendée et son domicile parisien, il y décèdera à l'âge de quatre-vingt-huit ans.

Alors, ce modeste petit bouquet précieusement conservé ? À quoi correspond ce geste sentimental qui n'a rien à voir avec l'amour d'une femme mais des hommes ?

Un jour, le 13 juillet 1918, Clemenceau est informé par Pétain d'une nouvelle tactique pour briser l'offensive allemande qui se prépare : laisser une première ligne, dure mais facile à être traversée, pour que l'ennemi, mis en confiance, vienne s'écraser contre une seconde ligne fortement organisée.

Ayant à cœur de voir ces hommes, sacrifiés (sans qu'ils le sachent), le Tigre se rend sur le front. Comme il passe devant un groupe de soldats, l'un de ceux qui allaient sans aucun doute mourir le lendemain s'avance vers lui :

– Monsieur le Président, on a cueilli çà, en haut sur la tranchée, pour vous…

Émut aux larmes, Clemenceau prend le bouquet et dit :

– Mes enfants, ces fleurs iront avec moi dans mon cercueil !

Elles sont à ses côtés depuis 1929, à flanc de côteau, au lieu-dit le Colombier, en Vendée. Le Tigre savait aussi tenir sa parole.

L'EXCÈS DE VITESSE DU GÉNÉRAL

– Cet après-midi, exécution du général félon. Tous en poste où vous savez, à quinze heures !

Ce jour-là, mercredi 22 août 1962, le sort du général de Gaulle semble définitivement réglé. Rien ne peut plus enrayer les rouages de cette exécution mûrement orchestrée. Chaque fois que le Président quitte l'Élysée pour la Boisserie après déjeuner, la DS présidentielle l'emmène à Villacoublay d'où un avion militaire le dépose près de Colombey. Or, si l'itinéraire parisien est chaque fois différent, le convoi passe toujours au Petit-Clamart entre 15 et 16h.

C'est là que trois mercenaires aguerris, armés de fusils-mitrailleurs, vont immobiliser le véhicule en tirant dans les pneus, tandis qu'une camionnette viendra couper la route devant lui. Alors, simultanément, trois exécuteurs des hautes œuvres de l'OAS iront révolvériser l'homme qui a trahi les colons d'Algérie, laissant le soin aux mitrailleurs de tenir à distance les policiers et motards de l'escorte.

Voilà des semaines que les onze membres du commando répètent l'opération dans les moindres détails. La consigne est de faire le moins de casse possible dans l'entourage du condamné.

– C'est le Général, et lui seul, l'homme à abattre. L'idéal, un mort, c'est tout.

À 15h, répartis dans des voitures et la camionnette, le commando est opérationnel. De Paris, un guetteur, au téléphone, les tient au courant du départ.

– Le convoi n'a pas encore quitté l'Élysée, ils ont du retard.

En réalité, en cette fin de vacances, le conseil des ministres exceptionnel tenu ce jour-là s'est éternisé. Les quelques rendez-vous urgents qui devaient avoir lieu, après le conseil, ont été reportés après le déjeuner et Madame de Gaulle, qui avait fait son marché chez Fauchon le matin, s'est crue obligée de remettre provisoirement au réfrigérateur les deux poulets que le chauffeur avait mis dans le coffre de la voiture.

– Faites-moi penser à les reprendre tout à l'heure, les Pompidou viennent déjeuner demain à la Boisserie et je serais bien dans l'embarras si on les oubliait…

Au Petit-Clamart, on patiente comme on peut en allumant cigarette sur cigarette. Impossible d'envisager un échec. Tout est si bien huilé : dans la courbe, avant le carrefour, dès l'apparition de la DS, un homme ouvre son journal en grand et le monte devant ses yeux, comme s'il regardait un article. Les trois mitrailleurs surgissent, au moment où la voiture passe à 60 km/h. (Le Général exige que la réglementation de vitesse soit strictement respectée.) Taca-tacata… Les quatre pneus éclatés, la voiture zigzague, la camionnette obstrue le passage. Coup de freins, les tueurs surgissent sur la droite du véhicule présidentiel, tirent à bout portant, le Général s'écroule, échange de balles avec les motards et les gorilles de l'escorte, tout en se repliant vers les voitures, démarrage en trombe… Opération « châtiment » terminée.

À l'Élysée, les rendez-vous du Président se prolongent. Tante Yvonne se félicite d'avoir remis ses poulets au réfrigérateur. Même si ce n'est pas la canicule, la journée est plutôt chaude et la volaille tourne si facilement.

Au Petit-Clamart, le commando commence à trouver le temps long.

– Et s'il restait à dormir au « château » ?

– Impossible, l'envol de Villacoublay a été maintenu et les Pompidou sont attendus demain à Colombey.

Alors on patiente, on ronge son frein.

Ce n'est que sur le coup de 18h45, sonnés à la pendule Louis XV, que le Général termine ses entretiens.

– Bon, allons-y !

Branle-bas de combat. Dans la cour de l'Élysée, tout le monde s'agite, les motards enfourchent leur engin, le chauffeur dépose le sac avec les poulets dans le coffre de la DS, le chef d'escorte jette un regard à sa montre et hoche la tête.

– J'espère que l'avion pourra encore décoller.

Le soir tombe vite fin août et le terrain près de Colombey n'est pas aménagé pour l'atterrissage de nuit. Petit signe au chauffeur de la DS.

– Il va falloir foncer !

Le Général aura-t-il vu ce geste qui va lui sauver la vie ?

Tout au moins aura-t-il conscience de l'urgence créée par ce retard qui pourrait les obliger, faute d'avion, à rejoindre Colombey en voiture. Toujours est-il que, ce soir-là, il fit semblant d'ignorer le compteur de la DS, qui dépassa allègrement les 60 km/h autorisés par le code, dans les agglomérations.

C'est ainsi qu'arrivée au carrefour du Petit-Clamart, lorsque le guetteur aperçoit le cortège et lève le journal, la voiture du Général qui roule à 90 km/h au lieu des soixante prévus, arrive si vite au point crucial que, si les fusils-mitrailleurs ont tout juste le temps de tirer une rafale dans les pneus, la camionnette n'a pas l'opportunité de se mettre en travers.

– Foncez tout droit, crie de Boissieu assis à côté du chauffeur, et couchez-vous, derrière…

Malgré les pneus crevés, la DS, dont la suspension Citroën est remarquable, fait un bond en avant. Dépité, l'un des tireurs lance une rafale dans le sillage du véhicule et une balle traverse la lunette arrière, à hauteur de tête du Général, qui heureusement s'est courbé en deux.

L'escorte suit l'accélération et les tueurs se replient piteusement, sans commentaires.

Quelques instants plus tard, la voiture, criblée de balles, s'arrête tout à côté de l'avion sur le tarmac de Villacoublay.

Effervescence autour des passagers qui descendent.

– Pas de blessés ?

– Ça va, mon Général ?

– De foutus tireurs ! laisse tomber de Gaulle.

Très digne, Tante Yvonne s'extrait de la DS et, s'adressant au chauffeur qui lui tient la portière, elle dit :

– J'espère que les poulets n'ont rien ?

Un des policiers qui se trouve là, tout proche, ému par cette sollicitude maternelle, remercie.

– Non Madame, personne n'a été touché…

Alors, baissant le ton, le Général, surpris, s'exclame

– Yvonne, je ne vous connaissais pas ce langage.

Cette réflexion, absente dans les mémoires du fils du Général, je l'ai entendue racontée par Jacques Chaban-Delmas.

Quoi qu'il en fût dans la réalité, c'est grâce à un manquement au code de la route que le destin du Général ne s'est pas terminé tragiquement ce jour-là.

Quant aux poulets, personne ne nous a transmis la façon dont la cuisinière de la Boisserie les avait accommodés le lendemain On a dit, mais là il est permis d'en douter, que c'était des poulets aux « pruneaux »…

OÙ EST DONC PASSÉE L'AVENUE W. CHURCHILL ?

« Ici-bas, tout le monde porte sa croix, moi, j'ai porté la croix de Lorraine ! »

On ne saura jamais avec certitude si Winston Churchill a prononcé ou non cette phrase, la seule chose que l'on peut affirmer avec certitude : il aurait pu très bien la dire.

Il faut avouer que, comme « emmerdeur de génie » (pour nous Français), le général de Gaulle l'a été. Toujours sur la brèche dès qu'il s'agissait de la France, le « grand flandrin » surgissait de nulle part pour protester, ergoter, exiger, râler, menacer même. Combien de fois le descendant de Marlborough a dû le maudire, dans des termes que le fameux fair-play britannique interdit de reproduire ici. Au moment du débarquement, il est notoire de rappeler que le « Vieux Lion », fou de rage, avait donné l'ordre d'expédier illico le Grand Charles en Afrique du Nord : « Qu'il aille voir Rabat si j'y suis ! » (version apocryphe).

L'histoire regorge d'anecdotes significatives sur l'immense personnalité des deux hommes, dont l'un symbolisa l'Angleterre et l'autre la France, dans une même lutte contre le rêve hégémonique d'un fou nommé Hitler.

Ayant atteint l'âge exceptionnel, pour l'époque (et pour l'amateur de «poisons réputés» qu'il était: alcool + tabac), de quatre-vingt-onze ans, celui qui répondait à la question sur le secret de sa longévité «*NO SPORT!*», rendit son âme à God? Devil? Bref, il mourut en 1965.

De Gaulle, alors président, et Malraux, ministre, ne pouvaient faire autrement que de donner à celui qui avait, quand même, accueilli sur son territoire la France Libre et prêté son micro pour l'appel du 18 juin, un morceau prestigieux du territoire parisien. Franklin Roosevelt, Kennedy, Wilson, George V avaient bien eu droit à des avenues. On ne pouvait faire moins pour le vieux bouledogue d'outre-Manche.

Qui se pencha sur la question, qui proposa des lieux, qui décida au final?

Winston Churchill eut son avenue. Il a toujours son avenue.

Il s'agit d'une avenue débaptisée, mais, attention, l'une des plus prestigieuses qui soit. Une avenue royale, qui n'échappe pas à la vue de quiconque visite Paris. Une artère impériale, qui correspondait parfaitement aux critères exigés par l'Histoire... Seulement, voilà!

Avec le recul, il s'avère que personne ne sait où elle se trouve. Vous la connaissez, vous, l'avenue Winston Churchill? Si oui, vous êtes une exception.

Car personne, à Paris, ne prononce jamais son nom. Mieux, si vous demandez à un agent de police, ou même à un chauffeur de taxi:

– L'avenue Winston Churchill s'il vous plaît?, il est fichu de vous répondre:

– C'est à Paris c't'avenue-là?

Il va d'ailleurs, pour faire suite, si vous insistez, sortir son plan des rues (j'ai fait l'expérience c'est tout à fait probant) et puis, quand sous son doigt chercheur la situation de l'avenue devient visible, tout s'illumine:

– Ah! ben oui, y'a même sa statue, là!

Alors, pourquoi l'avenue Winston Churchill, pourtant voie royale, voire impériale, n'est-elle pas connue ? Tout simplement parce qu'elle ne comporte que deux numéros… Mais pas n'importe lesquels, deux numéros qu'on n'éprouve pas le besoin de mentionner tant les deux bâtiments qu'ils désignent se suffisent à eux-mêmes et où des milliers de visiteurs venus du monde entier se pressent tous les ans. Les deux bâtiments, l'un en face de l'autre, sont appelés tout simplement le Petit Palais et le Grand Palais.

Avouez qu'une avenue ne peut être mieux située : dans l'axe de l'esplanade et de l'Hôtel des Invalides d'un côté, des Champs-Élysées et de l'avenue Marigny, qui borde le palais présidentiel, de l'autre.

Le problème, c'est que tout le monde va « au P'tit Palais » ou, pour une expo, « au Grand Palais » !

Prémédité ? Sûrement pas. Seul un hasard malicieux…

Cette avenue fantôme, à Paris (enlevée au tsar Alexandre III qui n'a conservé que le pont) n'ôte rien à la gloire de l'homme au « V » de la Victoire, qui reste quand même (à quelques pas de la statue du Général qui lui tourne le dos) le seul à posséder, à Paris, une avenue prestigieuse… dont on ne prononce jamais le nom.

Impression réalisée par

CPI
BRODARD & TAUPIN

La Flèche
en mai 2011

Imprimé en France
N° d'impression : 64693